Otto-von-Freising-Vorlesungen

der Katholischen Universität Eichstätt-Ingolstadt

Herausgegeben von der

Geschichts- und Gesellschaftswissenschaftlichen

Fakultät der Katholischen Universität

Eichstätt-Ingolstadt

Band 21

Springer Fachmedien Wiesbaden GmbH 2002

Martin Sebaldt

Parlamentarismus im Zeitalter der Europäischen Integration

Zu Logik und Dynamik politischer Entscheidungsprozesse im demokratischen Mehrebenensystem der EU

Springer Fachmedien Wiesbaden GmbH 2002

Die Deutsche Bibliothek – CIP-Einheitsaufnahme

Gedruckt auf säurefreiem und altersbeständigem Papier

ISBN 978-3-8100-3638-4   ISBN 978-3-663-10993-8 (eBook)
DOI 10.1007/978-3-663-10993-8

© 2002 Springer Fachmedien Wiesbaden
Ursprünglich erschienen bei Leske + Budrich, Opladen 2002

Umschlaggestaltung: Dieter Vollendorf, München
Satz: Martin Sebaldt, Universität Passau

Vorwort

Das Schönste an diesem Vorwort ist, dass ich es schreiben kann. Denn im Spätsommer 2001 ereilte mich eine schwere Erkrankung, die auch ein schlechtes Ende hätte nehmen können. Ich stand deshalb kurz davor, die freundliche und ehrenvolle Einladung der Katholischen Universität Eichstätt-Ingolstadt zur Wahrnehmung der Otto von Freising-Gastprofessur mit Bedauern ablehnen zu müssen.

Zum Glück ist es anders gekommen. Meine Genesung schritt schneller voran als erwartet, und deshalb 'blieb ich bei der Stange'. Ich habe es nicht bereut, ja mehr noch: Retrospektiv kann ich nun ermessen, welch schöne und interessante Erfahrungen ich nicht gemacht hätte, wäre ich zur Absage gezwungen gewesen. Soll heißen: Ich habe das Semester in Eichstätt in bester Erinnerung, und dies in jeder Hinsicht. Bei den Kollegen der Geschichts- und Gesellschaftlichen Fakultät und insbesondere bei 'meinen' Politikwissenschaftlern Karl Graf Ballestrem, Joachim Detjen und Klaus Schubert fand ich sofort freundlichste Aufnahme, und auch die wissenschaftlichen Mitarbeiter und die Sekretärinnen halfen dem externen 'Greenhorn' jederzeit. Besonders Klaus Stüwe habe ich zu danken, der sich für etliche Prüfungen als Beisitzer zur Verfügung stellte und mir auch sonst viel Wissenswertes über den 'Organismus' der Eichstätter Universität vermittelte.

Danken möchte ich aber auch den Studierenden - zwar nicht riesig an der Zahl, jedoch umso aufgeweckter und interessierter -, die meine Veranstaltungen als lebhafte Teilnehmer bevölkerten und erst dadurch zum Erfolg brachten. 'Klein aber fein' kann für Eichstätts Studentenschaft daher im besten Sinne der Sentenz gelten, und jüngste publizistische Charakterisierungen der KUE als "Geheimtipp" kann ich deshalb auch in dieser Hinsicht voll bestätigen.

Meine beiden öffentlichen Vorträge im Rahmen der Gastprofessur beschäftigten sich mit dem "Parlamentarismus im Zeitalter der Europäischen Integration". Mir lag daran, ein hochaktuelles Thema zu behandeln, das sowohl bei den Wissenschaftlern als auch bei den Studierenden unmittelbares Interesse wecken würde: Die stetig fortschreitende Integration Europas und die kontinuierliche Kritik am Demokratiedefizit der EU geben zu immer neuen, aktualisierenden Sachstandsanalysen und Reformvorschlägen Anlass. Und zugleich eröffnen sich neue Chancen und Felder beruflicher Tätigkeit in 'Europa', die gerade für politikwissenschaftlich geschulte Absolventen von besonderem Interesse sind. Die positive und zugleich kritisch-konstruktive Resonanz auf beide Präsentationen zeigte mir, dass ich mit meinen thematischen Auswahlüberlegungen nicht ganz falsch lag. Die vorliegende Abhandlung setzt sich im wesentlichen aus den überarbeiteten und wesentlich erweiterten Vortragstexten zusammen.

Genug der Vorrede: Ich danke der KU Eichstätt-Ingolstadt noch einmal herzlich für die Einladung zur Wahrnehmung der renommierten Otto von Freising-Gastprofessur, die eine Zierde für jeden akademischen Lebenslauf ist. Henrik Gast, Ondrej Kalina und Jürgen Stern haben mir durch Hilfestellungen bei der Recherche und bei der Endkorrektur die Fertigstellung des Manuskripts wesentlich erleichtert. Auch in ihrer Schuld stehe ich. Vor allem aber möchte ich meiner Mutter danken, die als pensionierte Ärztin im entscheidenden Moment die richtige Diagnose stellte, zu der die komplette Innere Abteilung eines Krankenhauses nicht in der Lage war. Ihr sei diese kleine Schrift gewidmet.

Passau, im April 2002   Martin Sebaldt

Inhaltsverzeichnis

I. Parlamentarismus im Zeitalter der Europäischen Integration: Zur Einführung

Europa steht am Scheideweg: Im Februar dieses Jahres ist der Verfassungskonvent der Europäischen Union zusammengetreten, um die Gemeinschaft auf die Herausforderungen des 21. Jahrhunderts vorzubereiten. 105 Delegierte aus 15 Mitgliedsländern und 13 Kandidatenstaaten werden sich bis Mitte 2003 als "Euro-Therapeuten"[1] und "Entrümpelungs-Kommando für Europa"[2] betätigen, um den Staats- und Regierungschefs der Gemeinschaft einen entscheidungsfähigen Verfassungsentwurf vorzulegen.

Die Parlamentarisierung der EU gehört dabei zu den wichtigsten Reformprojekten zur Stärkung des demokratischen Gehalts *europäischer* Politik. Dass dieser bis heute zu wünschen übrig lässt, ist unbestritten: Denn erstens sind Brüsseler Entscheidungsprozesse viel zu komplex und zu intransparent, als dass sie vom Durchschnittsbürger begriffen und durchblickt werden könnten; eine affektive Bindung der Bevölkerung an 'Europa' kann so natürlich nicht entstehen.[3] Zudem missfällt die unzureichende demokratische Legitimation der europäischen Entscheider: Ein Rat aus nationalen Regierungsvertretern verfügt nur über ein *indirektes* Mandat des Volkes, zweifellos eine unbefriedigende Lösung. Und schließlich fehlen dem Europäischen Parlament noch etliche Rechte, die es zu einer vollwertigen Volksvertretung machen würden - an traditionellen demokratietheoretischen Standards gemessen ein Armutszeugnis.

---

1   Stefan Ulrich, Die Euro-Therapeuten. 105 Delegierte aus 28 Ländern wollen die Union aus ihrer Starre befreien und auf die größte Reform ihrer Geschichte vorbereiten, in: Süddeutsche Zeitung, 28.02.02, S. 9.
2   Cornelia Bolesch, Entrümpelungs-Kommando für Europa. In nur einem Jahr soll der Verfassungskonvent die Union modernisieren, in: Süddeutsche Zeitung, 02./03.02.02, S. 2.
3   Vgl. zum Gesamtzusammenhang die Analyse von Beate Kohler-Koch, Die Europäisierung nationaler Demokratien: Verschleiß eines europäischen Kulturerbes?, in: Michael Th. Greven (Hrsg.), Demokratie - eine Kultur des Westens? 20. Wissenschaftlicher Kongreß der Deutschen Vereinigung für Politische Wissenschaft, Opladen 1998, S. 263-288, hier: S. 263-264.

Die Forderungen aus den Reihen der Konventsmitglieder sind dementsprechend, und sie reflektieren Ideen, die bereits im Verfassungsentwurf des Europäischen Parlaments des Jahres 1984 auftauchten, aber auch in *Joschka Fischers* Rede an der Humboldt-Universität im Mai 2000[4], *Jacques Chiracs* Überlegungen aus demselben Monat[5] oder *Gerhard Schröders* Leitantrag "Verantwortung für Europa"[6] vom April letzten Jahres: Die Aufwertung des Parlaments zu einer Repräsentativkörperschaft, welche diesen Namen auch verdient, steht ebenso auf der Vorschlagsagenda wie die direkte demokratische Legitimation der Europäischen Kommission, deren Präsident von den europäischen Bürgern unmittelbar gewählt werden könnte und damit an die Spitze einer eigenen europäischen Regierung träte.[7] Dem Ministerrat fiele dann die Rolle einer zweiten, föderalen Kammer zu, und um ihn auch in einer erweiterten Union der 28 entscheidungsfähig zu erhalten, ist die durchgängige Einführung von Mehrheitsentscheiden und der endgültige Abschied vom "Luxemburger Kompromiss" projektiert.

An Visionen mangelt es also nicht, und die Zahl der Befürworter einer flächendeckenden Durchsetzung parlamentarischer Mitregierung in der EU ist substantiell. Die vorliegende Abhandlung dient der Bilanzierung des *status quo* und will zugleich zeigen, dass sich der *demokratische Gehalt des europäischen Entscheidungsgefüges* in einem faszinierenden evolutionären Prozess im Laufe der letzten Jahrzehnte schleichend zwar, aber Schritt für Schritt vergrößert hat: Die europäische Volksvertretung selbst konnte sich von einer machtlosen Delegiertenversammlung zu einem direkt gewählten Parlament mit effektiven Mitentscheidungsbefugnissen mausern, und simultan entwickelte sich ein komplexes System europäischer Interessenvertretungen, das

---

4   Joschka Fischer, Vom Staatenbund zur Föderation - Gedanken über die Finalität der europäischen Integration, 12.05.00, CD-Rom *Bulletin 1996-2000*, hrsg. vom Presse- und Informationsamt der Bundesregierung, Berlin 2001, Offizielle Texte und Erklärungen Nr. 29-1/2000.

5   Thomas Jäger/ Tim Middendorf, Ordnungskonzepte für Europa: Die deutsch-französische Kerneuropa-Debatte und ihre Auswirkungen auf die Regierungskonferenz von Nizza, in: Zeitschrift für Politik 48 (2001), S. 268-301, hier: S. 274-278. Wie auch bei Premierminister *Lionel Jospin* ist die Leitlinie des französischen Staatspräsidenten jedoch deutlich *intergouvernemental*: an der Souveränität der Mitgliedstaaten wird nicht gerüttelt.

6   SPD-Leitantrag "Verantwortung für Europa", Entwurfsfassung vom 30.04.01, http://www.europa-digital.de/text/aktuell/dossier/reden/textschroeder.shtml.

7   Vgl. den Überblick über die Vorschläge bei Stefan Ulrich, Die Euro-Therapeuten (wie Anm. 1).

der unmittelbaren Repräsentation wirtschaftlicher, sozialer, kultureller und bürgerschaftlicher Belange in Brüssel und Straßburg dient, und dies mit hohem Wirkungsgrad.

In der vorliegenden Studie steht die *europäische* Dimension des Parlamentarismus im Mittelpunkt des Interesses. Jüngere, zumeist problematische Entwicklungen auf *nationaler* Ebene (parlamentarischer Machtverlust durch Brüsseler Vorentscheide, demokratische Kontrolldefizite durch 'einsame' Entscheidungen der Minister im Rat etc.) bleiben deshalb an dieser Stelle unbeleuchtet.[8] Im ersten Teil ist das Europäische Parlament selbst Gegenstand der Analyse, und Ziel ist der Aufweis der Entwicklungslogik dieser vielfach unterschätzten Institution, die immer schon über mehr faktische Macht verfügte, als es veröffentlichte Meinung und dürre Vertragstexte glauben machten. Sowohl die von Jahrzehnt zu Jahrzehnt fortschreitende *Professionalisierung* und *Europäisierung* der Abgeordneten in Straßburg gilt es hier nachzuzeichnen als auch die stetig zunehmenden Kompetenzen und informellen Netzwerke, welche parlamentarische Einwirkungsmöglichkeiten und Vetopotentiale auf ein Vielfaches ansteigen ließen. Frappierende Parallelen zu den nationalen Parlamentarisierungsprozessen des 19. Jahrhunderts werden hier ersichtlich.

Der zweite Teil dient der Analyse des Universums europäischer Interessenvertretungen, das sowohl durch die Kompetenzausweitung der EU selbst als auch durch gesamtgesellschaftliche Wandlungsprozesse deutlich an Umfang und Durchschlagskraft gewonnen hat: Neben dem komplexen Spektrum wirtschaftlicher Verbände ist gerade in den letzten zwei Dekaden eine schillernde Vielfalt von Advokaten *nichtökonomischer* Interessen entstanden, welche die traditionelle Dominanz des wirtschaftlich motivierten Lobbyismus merklich abgeschwächt und zu einer substantiellen *Pluralisierung* des politischen Willensbildungs- und Entscheidungsprozesses geführt hat - ein Qualitätskriterium jeder guten parlamentarischen Ordnung. Deutlich wird dabei auch, dass organisierte Interessenvertretung längst schon nicht mehr exklusives Betätigungsfeld von Non-Profit-Vereinigungen, insbesondere Verbänden ist, sondern gerade seit Beginn der neunziger Jahre auch in verstärktem Maße von kommerziell arbeitenden Lobbyisten betrieben wird,

---

8   Vgl. zum Gesamtzusammenhang Peter Graf Kielmansegg, Integration und Demokratie, in: Markus Jachtenfuchs/ Beate Kohler-Koch (Hrsg.), Europäische Integration, Opladen 1996, S. 47-71.

welche die Anliegen ihrer Klienten auf geschäftlich-vertraglicher Basis bei den Organen der Europäischen Union zur Geltung bringen. Auch sie haben zu diesem Pluralisierungsprozess erheblich beigetragen.

Eine systematische Gesamtbilanz, in welcher auf der Basis der gewonnenen Erkenntnisse nach den generellen Perspektiven des europäischen Parlamentarismus gesucht wird, schließt die Studie ab. Hier wird der Frage nachgegangen, welche Reformschritte in nächster Zeit verwirklicht werden könnten und sollten, um die formellen Mitwirkungsrechte der Abgeordneten endlich auf ein demokratietheoretisch akzeptables Niveau anzuheben und 'Europa' generell näher an seine Bürger heranzuführen.

II. Parlamentarisierung der Europäischen Union?
Zur machtpolitischen Dynamik des Europäischen Parlaments seit Ende der siebziger Jahre

Vor einigen Jahren bat *Hans Magnus Enzensberger* in einem Artikel der FAZ um Mitleid für die geschundenen Politiker. Sie verdienten "wie alle Randgruppen, wie Alkoholiker, Spieler und Skinheads ... jenes analytische Erbarmen, das nötig ist, um ihr Elend zu begreifen." Abgehoben vom realen Leben sei das politische Gewerbe gekennzeichnet durch "stoische Selbstverleugnung, zwanghaftes Grinsen und plumpe Anbiederung", eine "spezifische Form der Arbeitslosigkeit" ohne professionelle Substanz.[9]

Solch dümmliche Beschreibungen werden zwar auch durch gebetsmühlenhafte Wiederholungen nicht um ein Quäntchen wahrer, aber im politischen Meinungshaushalt des deutschen Michel haften sie aufgrund ihrer Plakativität umso besser. *Enzensberger* hätte wohl auch kein Problem damit, diese Charakterisierung auf die Abgeordneten des Europäischen Parlaments anzuwenden: Weit weg vom realen Leben gingen sie in Straßburg und Brüssel ihrem Repräsentationsgewerbe nach, und dies im Schatten des mächtigen Ministerrats und der europäischen Superbürokratie der Kommission - eine Versammlung beklagenswerter Kreaturen also, deren politischer Gestaltungsanspruch nicht im entferntesten mit ihrem faktischen Gewicht korreliere.

Zur Ehrenrettung des deutschen Michel sei aber betont, dass gerade die Evaluation des *faktischen politischen Gewichts* der europäischen Volksvertretung zu den schwierigsten Aufgaben zeitgenössischer Europaforschung gehört.[10] Zwar weiß der Kundige längst, dass sich die vormals schwache Delegiertenversammlung inzwischen zu einem machtvollen modernen Parlament

---

9 Frankfurter Allgemeine Zeitung, 05.09.92, 'Bilder und Zeiten', S. 1-2; zit. nach Werner J. Patzelt, Abgeordnete und ihr Beruf. Interviews - Umfragen - Analysen. Mit einem Vorwort von Rita Süssmuth, Berlin 1995, S. 11.

10 Vgl. als Aufriss des Gesamtzusammenhangs Rudolf Streinz, Das Europäische Parlament im demokratischen Legitimationsprozeß der Europäischen Gemeinschaft, in: Heinrich Oberreuter (Hrsg.), Parlamentarische Konkurrenz? Landtag - Bundestag - Europaparlament (Colloquium II). Der Landtag als Forum der politischen Öffentlichkeit (Colloquium III), München 1996, S. 49-68.

entwickelt hat,[11] doch dieses Potential *exakt* zu messen ist bis heute schwierig, da viele Faktoren hierbei synergetisch zusammenwirken.

Im Folgenden soll Licht in dieses Dunkel gebracht und gezeigt werden, dass nur eine *systematische Zusammenschau* von institutionellen, rechtlichen und prozessualen Machtpotentialen das Europäische Parlament zu dem macht, was es faktisch ist: eine starke Volksvertretung mit ausgeprägten Kompetenzen, die ihr Gewicht in den letzten zwanzig Jahren durch einen faszinierenden Prozess evolutionärer Machtdynamik errang und durch schleichenden Bedeutungszuwachs permanent dazu 'verurteilt' ist, immer mächtiger zu sein als es uns die jeweils gültigen Vertragstexte glauben machen.[12]

1. Die institutionelle Dimension: Parlamentarisierung durch politische Professionalisierung

a) *Professionalisierung des Personals*

Schon mit dem Beginn des europäischen Integrationsprozesses nach dem Zweiten Weltkrieg war man sich über die grundsätzliche Notwendigkeit einer transnationalen parlamentarischen Vertretungskörperschaft im Klaren. Bereits auf dem Haager Kongress der Europäischen Bewegung im Mai 1948 wurde der Vorschlag für ein direkt gewähltes Europaparlament lanciert. Die sich ein Jahr später konstituierende Parlamentarische Versammlung des Europarates trug diesem Wunsche jedoch nicht Rechnung, denn sie setzte sich aus Vertretern der nationalen europäischen Parlamente zusammen.[13]

Mit der Einrichtung der Gemeinsamen Versammlung der EGKS 1952, bestehend aus 78 Parlamentariern der sechs Gründungsstaaten, nahm ein vergleichbares Organ auch im Rahmen der sich entwickelnden Europäischen Gemeinschaft alsbald Kontur an. Die Architekten der Verträge hatten sie allerdings bewusst schwach konzipiert, denn weder wurden die Abgeordneten

---

11 Vgl. dazu im einzelnen Dietmar O. Reich, Rechte des Europäischen Parlaments in Gegenwart und Zukunft, Berlin 1999.

12 Vgl. als aktuelle Gesamtbestandsaufnahme Christine Neuhold, Das Europäische Parlament im Rechtsetzungsprozeß der Europäischen Union. Demokratische Kontrollmöglichkeiten im Hinblick auf die Durchführungsbefugnisse der Europäischen Kommission, Frankfurt a. M. u.a. 2000.

13 Peter Schönberger, Hauptsache Europa. Perspektiven für das Europäische Parlament, Berlin 1994, S. 14.

direkt gewählt, sondern lediglich aus dem Pool nationaler Parlamentarier entsandt, noch bestanden effektive legislative Mitwirkungsbefugnisse.[14] Die Folgen für das Selbstverständnis der einzelnen Abgeordneten wie für das gesamte Europäische Parlament (EP), wie es sich selbst seit 1958 offiziell nannte, waren unter integrationspolitischen Gesichtspunkten fatal: Eine eigenständige Karriere als *europäischer* Abgeordneter mit einem *europäisch* geprägten Selbstverständnis wurde durch diesen Besetzungsmodus verunmöglicht, und fehlende Gestaltungskompetenzen des EP nahmen den nationalen Delegierten die Lust für effektives europäisches Engagement, zumal ihr nationales Abgeordnetenmandat hierzu ohnehin mehr Chancen bot. Zwar war bereits im Jahre 1960 von den Parlamentariern ein Entwurf zur Einführung der Direktwahl lanciert worden, er scheiterte jedoch am Widerstand der nationalen Regierungen.[15]

Es dauerte schließlich bis 1976, bis sich die Mitgliedstaaten auf eine Direktwahl einigten, welche drei Jahre später das erste Mal durchgeführt wurde.[16] Seither begann sich die Zusammensetzung des EP aufgrund des neuen Wahlmodus schleichend zu verändern: Zunehmend wird das Parlament nun von Abgeordneten bevölkert, welche zwar durch ihre parteipolitische Rekrutierung immer noch *national* sozialisiert sind, aber dennoch durch den separaten Wahlmodus und die häufig sehr langen parlamentarischen Dienstzeiten ein eigenständiges *europäisches* Selbstverständnis entwickelt haben,[17] welches kaum mehr Parallelen zur Motivationslage der frühen 'Europa'parlamentarier aufweist. Und auch der Slogan "Hast du einen Opa, schick ihn nach Europa"[18] wurde durch die Realität bald Lügen gestraft, denn nach einer Übergangsphase in den frühen achtziger Jahren wurde das direktgewählte EP keineswegs nur von abgeschobenen nationalen 'Politrentnern' bevölkert, sondern von bewussten 'Europäern', welche sich frühzeitig für eine Karriere im EP entschieden hatten: "It meant that a new corps of full-time politicians

---

14   Ebd. S. 15.
15   Marc Fritzler/ Günther Unser, Die Europäische Union, Bonn 1998, S. 42.
16   Claus Schöndube, Das Europäische Parlament vor der zweiten Direktwahl. Bilanz und Perspektiven, Bonn, 1983, S. 13.
17   Mark N. Franklin/ Susan E. Scarrow, Making Europeans? The Socializing Power of the European Parliament, in: Richard S. Katz/ Bernhard Wessels (Hrsg.), The European Parliament, the National Parliaments, and European Integration, Oxford/ New York 1999, S. 45-60.
18   Peter Schönberger, Hauptsache Europa (wie Anm. 13), S. 28.

was created", wie *Richard Corbett* resümiert, und er setzt hinzu: "Their position was in most cases no longer a mere adjunct or accessory to a domestic position, but was a political position - and even a political career - in its own right. In short, this new corps, equipped and backed up by the Parliament, appeared on the political landscape and became part and parcel of the life of Europe's political networks."[19] Erheblicher Zeitaufwand für die 'Wahlkreisarbeit'[20] festigte dabei auch die Erkenntnis, den europäischen Bürger unmittelbar zu repräsentieren und damit auch ein politisches Eigenrecht gegenüber den im Rat formierten nationalen Regierungen zu besitzen.[21]

Hand in Hand ging dies mit einer zunehmenden *Professionalisierung* und auch *Verfestigung* des Abgeordnetenspektrums. Ein erheblicher Anteil der Europaparlamentarier dient mittlerweile schon mehrere Wahlperioden und kann damit oft auf eine europäische Karriere von zehn, fünfzehn oder sogar über zwanzig Jahren zurückblicken. Abbildung 1 ist dabei im einzelnen zu entnehmen, dass nicht weniger als 127 der gegenwärtig im EP sitzenden Parlamentarier mindestens seit dem Jahre 1989 Dienst tun, 30 von ihnen sogar schon seit Beginn der ersten Wahlperiode im Juli 1979.[22] Zählt man noch die 181 Abgeordneten hinzu, die seit der vierten Legislaturperiode Mitglied sind und damit im Regelfall[23] auch schon über ein knappes Jahrzehnt Parlamentariererfahrung verfügen, kann rund die Hälfte der Mitglieder des EP als langgediente Routiniers eingestuft werden.

---

19 Richard Corbett, The European Parliament's Role in Closer EU Integration, Houndmills u.a. 1998, S. 66.

20 Thomas Niedermeier, Problemnah, aber bürgerfern? Die Wahlkreisarbeit deutscher Europaabgeordneter, Diplomarbeit, Passau 1999, S. 90.

21 Vgl. zur Entwicklung der Rollenorientierungen der Europaparlamentarier Richard S. Katz, Role Orientations in Parliaments, in: Richard S. Katz/ Bernhard Wessels (Hrsg.), The European Parliament, the National Parliaments, and European Integration (wie Anm. 17), S. 61-85.

22 Dabei ist allerdings in Rechnung zu stellen, dass etliche von ihnen nicht durchgängig dem EP angehörten, sondern durch Abwahl bzw. freiwilliges Ausscheiden zur Übernahme nationaler Regierungsämter etc. zwischenzeitlich ausgeschieden waren. Zudem ist anzumerken, dass manche von ihnen auch schon vor 1979 als Delegierte nationaler Parlamente dem EP angehörten. Zu letzteren zählen etwa der ehemalige Kommissionspräsident *Jacques Santer*, der erstmals schon im Jahre 1974 Mitglied war, oder der britische *Lord Bethell*, welcher ein Jahr später sein europaparlamentarisches Debüt gab. Rekordhalterin ist jedoch die luxemburgische Abgeordnete *Astrid Lulling*, die am 20.10.65 das erste Mal in das EP einzog!

23 Hier ist zu berücksichtigen, dass etliche Abgeordnete erst im Laufe der 4. Wahlperiode als Nachrücker für ausgeschiedene Parlamentarier in das EP einzogen.

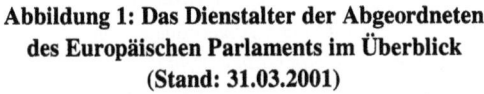

**Abbildung 1: Das Dienstalter der Abgeordneten
des Europäischen Parlaments im Überblick
(Stand: 31.03.2001)**

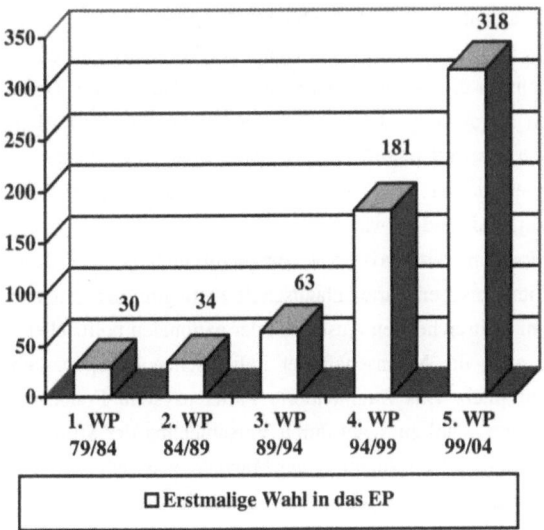

Quelle: Generalsekretariat des Europäischen Parlaments (Hrsg.): Die Mitglieder des Europäischen Parlaments. 5. Wahlperiode 1999-2004, Luxemburg 2001.

Freilich existieren hier sowohl erhebliche landes- als auch fraktionsspezifische Unterschiede, welche dieses globale Muster erheblich modifizieren und auch zu einem signifikanten Einflussgefälle zwischen den verschiedenen Abgeordnetenpopulationen führen. Zunächst ist in Rechnung zu stellen, dass die erst spät in die Europäische Union aufgenommenen Mitgliedstaaten über derlei 'alte Hasen' naturgemäß nicht verfügen können: Finnland, Schweden und Österreich traten der EU erst 1995 bei und weisen deshalb eine vergleichsweise 'junge' Abgeordnetenschar auf, wie Tabelle 1 zu entnehmen ist.

Demgegenüber sind die Anteile parlamentarischer Routiniers bei den Kontingenten älterer Mitglieder oft deutlich höher: Allein 29 von 99 deutschen Parlamentariern (29,4%) etwa können auf eine parlamentarische Karriere von mindestens drei Wahlperioden zurückblicken, und neun von ihnen sind sogar schon 1979 im EP aktiv. Sie werden fast ausschließlich von den Großparteien CDU/CSU und SPD gestellt, welche Mitglieder der EVP-ED- bzw. der PSE-Fraktion sind.[24] Nur zwei Grünen-Abgeordnete kommen auf eine längere Dienstzeit,[25] und die der *Konföderalen Fraktion der Vereinigten Europäischen Linken/ Nordische Grüne Linke* (GUE/ NGL) angeschlossenen deutschen PDS-Parlamentarier[26] sind ohnehin alle Neulinge.

Allerdings zeigt sich auch, dass die Dauer der Mitgliedschaft eines Landes allein noch nicht für eine stabile Abgeordnetenpopulation sorgt. Denn sowohl bei Frankreich als auch bei Italien fällt die Fluktuation der Parlamentarier auffallend hoch aus; mit 64,4% bzw. 65,5% Neuzugängen in der laufenden Wahlperiode verfügen sie sogar über die meisten parlamentarischen 'Frischlinge' aller Mitgliedsländer, was in erster Linie auf die heterogenen bzw. instabilen nationalen Parteiensysteme zurückzuführen ist: Der Kollaps der traditionellen italienischen Parteienlandschaft zu Beginn der neunziger Jahre führte zu einem weitreichenden Austausch der nationalen politischen Eliten,[27] von welchem auch die Mannschaft der italienischen Europaparlamentarier nicht verschont blieb. Das fragmentierte Parteiensystem Frankreichs sorgt demgegenüber von Wahl zu Wahl durch Verschiebung der Stimmanteile für eine überproportionale Umschichtung der Mandate, was sich ebenfalls auf die Zusammensetzung des französischen Kontingents deutlich auswirkte.[28]

---

24 Zu den seit der Wahlperiode 1979/84 aktiven Abgeordneten gehören seitens der CDU/CSU *Elmar Brok, Ingo Friedrich, Hans-Gert Poettering, Ursula Schleicher* und *Karl von Wogau*. Für die SPD sind seit dieser Zeit *Klaus Hänsch, Magdalene Hoff, Rolf Linkohr* und *Gerhard Schmid* im EP tätig.

25 *Friedrich Wilhelm Graefe zu Baringdorf* (seit Beginn der 2. Wahlperiode 1984) und *Hiltrud Breyer* (seit Beginn der 3. Wahlperiode 1989).

26 *André Brie, Christel Fiebiger, Sylvia-Yvonne Kaufmann, Helmuth Markov, Hans Modrow* und *Feleknas Uca*.

27 Vgl. zum Gesamtzusammenhang Günter Trautmann, Das politische System Italiens, in: Wolfgang Ismayr (Hrsg.) unter Mitarbeit von Hermann Groß, Die politischen Systeme Westeuropas, 2., aktual. Aufl., Opladen 1999, S. 520-562, hier: S. 533-541.

28 Vgl. Udo Kempf, Von de Gaulle bis Chirac. Das politische System Frankreichs, 3., neubearb. und erw. Aufl., Opladen 1997, S. 154-211.

Tabelle 1: Das Dienstalter der Abgeordneten des Europäischen
Parlaments: Landesgruppen im Vergleich (Stand: 31.03. 01)

Mitgliedstaat		Erstmalige Wahl in das EP					Summe
		1. WP 1979/84	2. WP 1984/89	3. WP 1989/94	4. WP 1994/99	5. WP ab 1999	
Belgien	abs.	1	3	3	4	14	25
	%	4,0	12,0	12,0	16,0	56,0	100,0
Dänemark	abs.	1	0	3	4	8	16
	%	6,3	0,0	18,8	25,0	50,0	100,1
Deutschland	abs.	9	5	15	39	31	99
	%	9,1	5,1	15,2	39,4	31,3	100,1
Finnland	abs.	0	0	0	10	6	16
	%	0,0	0,0	0,0	62,5	37,5	100,0
Frankreich	abs.	1	3	11	16	56	87
	%	1,1	3,4	12,6	18,4	64,4	99,9
Griechenland	abs.	2	0	1	6	16	25
	%	8,0	0,0	4,0	24,0	64,0	100,0
Groß-	abs.	8	7	7	19	46	87
britannien	%	9,2	8,0	8,0	21,8	52,9	99,9
Irland	abs.	1	3	3	6	2	15
	%	6,7	20,0	20,0	40,0	13,3	100,0
Italien	abs.	4	2	7	17	57	87
	%	4,6	2,3	8,0	19,5	65,5	99,9
Luxemburg	abs.	2	0	1	0	3	6
	%	33,3	0,0	16,7	0,0	50,0	100,0
Niederlande	abs.	1	0	4	8	18	31
	%	3,2	0,0	12,9	25,8	58,0	99,9
Österreich	abs.	0	0	0	15	6	21
	%	0,0	0,0	0,0	71,4	28,6	100,0
Portugal	abs.	0	2	1	7	15	25
	%	0,0	8,0	4,0	28,0	60,0	100,0
Schweden	abs.	0	0	0	11	11	22
	%	0,0	0,0	0,0	50,0	50,0	100,0
Spanien	abs.	0	9	7	19	29	64
	%	0,0	14,1	10,9	29,7	45,3	100,0
Summe	abs.	30	34	63	181	318	626
	%	4,8	5,4	10,1	28,9	50,8	100,0

Quelle: Generalsekretariat des Europäischen Parlaments (Hrsg.): Die Mitglieder des
Europäischen Parlaments. Fünfte Wahlperiode 1999-2004, Luxemburg 2001; eigene
Auswertung.

Demgegenüber haben gerade die deutschen Europaparlamentarier von einer überdurchschnittlichen Konstanz und auch Konzentration des Parteiensystems profitiert: Union und SPD dominieren nach wie vor die Szenerie,[29] und insoweit ergaben sich ideale Rahmenbedingungen für langfristig angelegte europäische Abgeordnetenkarrieren. Nicht zuletzt dieser Sachverhalt hat zum großen Ansehen der Deutschen im EP geführt: die Stimmen ihrer Routiniers haben Gewicht.[30]

Aber auch zwischen den einzelnen Fraktionen existieren diesbezüglich deutliche Unterschiede, wie Tabelle 2 zu entnehmen ist. Hier zeigt sich, dass die Großfraktionen EVP-ED (Christdemokraten) und PSE (Sozialdemokraten) im Schnitt merklich 'älter' sind als die anderen. Zum einen resultieren diese Unterschiede aus dem unterschiedlichen Alter der einzelnen Parteispektren: Die 'grünen' Parteien formierten sich vergleichsweise spät,[31] und insoweit fällt die durchschnittliche Dienstzeit ihrer Abgeordnetenpopulation deutlich geringer aus als diejenige der Altparteien.

Zudem sind verschiedene Kleinfraktionen (UEN, GUE/NGL, TDI, EDD) heterogene und auch instabile Sammelbecken kleiner Protestgruppierungen bzw. unabhängiger Parlamentarier, die über keine große personelle Konstanz verfügen können.[32] Auch dies führt unter dem Strich noch zu einem zusätzlichen Wettbewerbsvorteil der ohnehin dominierenden Großfraktionen, insoweit sie mit ihren vielen Routiniers den parlamentarischen Willensbildungsprozess systematisch steuern können.

---

29 Wolfgang Rudzio, Das politische System der Bundesrepublik Deutschland, 5., überarb. Aufl., Opladen 2000, S. 115-168.

30 Peter Schönberger, Hauptsache Europa (wie Anm. 13), S. 22.

31 Vgl. zum Gesamtzusammenhang Ferdinand Müller-Rommel, Grüne Parteien in Westeuropa. Entwicklungsphasen und Erfolgsbedingungen, Opladen 1993.

32 So setzt sich die TDI (19 Abgeordnete) zum großen Teil aus italienischen Parlamentariern unterschiedlicher parteipolitischer Couleur (allein 12) zusammen. *Silvio Berlusconi*, der dieser Fraktion anfangs auch angehörte, ist inzwischen aus dem EP ausgeschieden, um in die nationale Politikarena zurückzukehren. Die GUE/NGL ist demgegenüber ein heterogenes Sammelbecken linker Gruppierungen, und hier haben auch die deutschen PDS-Abgeordneten eine 'Heimstatt' gefunden (vgl. auch Anm. 26 mit deren Namen).

Tabelle 2: Das Dienstalter der Abgeordneten des Europäischen Parlaments: Die Fraktionen im Vergleich (Stand: 31.03.2001)

Fraktion		Erstmalige Wahl in das EP					Summe
		1. WP 1979/84	2. WP 1984/89	3. WP 1989/94	4. WP 1994/99	5. WP ab 1999	
EVP-ED	abs.	12	11	26	63	120	232
	%	5,2	4,7	11,2	27,2	51,7	100,0
PSE	abs.	8	14	19	65	75	181
	%	4,4	7,7	10,5	35,9	41,4	99,9
ELDR	abs.	3	2	2	13	32	52
	%	5,8	3,8	3,8	25,0	61,5	99,9
VERTS/ALE	abs.	0	1	4	11	30	46
	%	0,0	2,2	8,7	23,9	65,2	100,0
GUE/NGL	abs.	3	2	4	8	25	42
	%	7,1	4,8	9,5	19,0	59,5	99,9
UEN	abs.	0	2	2	9	17	30
	%	0,0	6,7	6,7	30,0	56,7	100,1
TDI	abs.	2	2	5	5	5	19
	%	10,5	10,5	26,3	26,3	26,3	99,9
EDD	abs.	1	0	1	3	11	16
	%	6,3	0,0	6,3	18,8	68,8	100,2
NI	abs.	1	0	0	4	3	8
	%	12,5	0,0	0,0	50,0	37,5	100,0
Summe	abs.	30	34	63	181	318	626
	%	4,8	5,4	10,1	28,9	50,8	100,0

Quelle: Generalsekretariat des Europäischen Parlaments (Hrsg.): Die Mitglieder des Europäischen Parlaments. Fünfte Wahlperiode 1999-2004, Luxemburg 2001; eigene Auswertung.

Insgesamt aber ist festzuhalten, dass die generelle 'Alterung' des EP zu einer deutlichen *Professionalisierung seiner Arbeit* und zu einem *Anwachsen seines politischen Gewichts* führte, denn die in die noch zu beschreibenden arbeitsparlamentarischen Strukturen eingebundenen Parlamentarier konnten sich so über die Jahre hinweg zu sachpolitischen Spezialisten entwickeln, welche auf Seiten von Kommission und Rat sowohl ernst genommen als auch gefürchtet werden. Längst schon sehen sich diese Abgeordneten nicht mehr

nur als flankierendes Element europäischer Politik, sondern sie definieren sich
als zentrales.

Die Folgen für das gesamte parlamentarische Selbstverständnis waren absehbar: Eine derart auf Europa fixierte parlamentarische Versammlung forder-
te alsbald die Effektivierung ihrer politischen Mitwirkungsrechte ein, und die
durch die *Einheitliche Europäische Akte* 1986 und die Verträge von *Maastricht* 1992 und *Amsterdam* 1997 geschaffenen legislativen Mitsteuerungsbe-
fugnisse resultierten nicht zuletzt aus dem geschickten Taktieren dieser neuen
selbst- und machtbewussten *europäischen* Abgeordnetengeneration: Ihre
weitreichenden sachlichen und prozeduralen Erfahrungen im täglichen Kontakt mit Kommission und Rat verliehen ihnen auch die technischen Fertigkei-
ten, um einer 'Salamitaktik' gleich den anderen Gemeinschaftsorganen weitere
Kompetenzen abzuringen.[33]

b) Organisation als Fraktionenparlament

Für die schon thematisierte Gliederung des EP in nationenübergreifende und
nach parteipolitischer Couleur zusammengesetzte Fraktionen hatten sich die
Architekten der Gemeinschaft schon sehr frühzeitig - im Jahre 1953 - entschieden, um der europäischen Orientierung der parlamentarischen Vertretungskörperschaft auch organisatorisch Ausdruck zu verleihen.[34] Dahinter
stand die Überlegung, die so konstituierten europäischen 'parlamentarischen
Parteien' zum evolutionären Nukleus eines flächendeckenden europäischen
Parteiensystems werden zu lassen.[35] Und so wurden transnationale Verbin-
dungsbüros der verschiedenen Parteienfamilien schon in den fünfziger und
sechziger Jahren etabliert, und Mitte der siebziger folgte die Gründung locke-
rer europäischer Parteienbünde, wie des *Bundes der Sozialdemokratischen
und Sozialistischen Parteien Europas* 1974 oder der *Europäischen Volkspar-
tei* (EVP) zwei Jahre später. Es dauerte jedoch bis zum letzten Jahrzehnt, bis
sich diese bündischen Vereinigungen verdichteten. Mit der *Sozialdemokrati-*

---

33   Peter Schönberger, Hauptsache Europa (wie Anm. 13), S. 42-58.
34   Volker Neßler, Europäische Willensbildung. Die Fraktionen im Europaparlament
     zwischen nationalen Interessen, Parteipolitik und europäischer Integration, Schwal-
     bach/ Ts. 1997, S. 37.
35   Vgl. dazu Simon Hix/ Christopher Lord, Political Parties in the European Union,
     New York 1997.

schen Partei Europas (SPE) 1992 und der *Europäischen Liberalen und Demokratischen Reform-Partei* (ELDR) 1993 entstanden nunmehr *europäische* Parteien, und auch das im Jahre 1992 verabschiedete Grundsatzprogramm der EVP trug entscheidend zur organisatorischen Verfestigung der europäischen Konservativen bei.[36] Durch den *Tsatsos-Bericht* von 1996 wurde deren europapolitische Bedeutung im übrigen nachdrücklich unterstrichen.[37]

Die faktische Relevanz dieser Parteien ist allerdings weniger in ihrem außerparlamentarischen Wirken zu suchen, denn nach wie vor fristen sie hier gegenüber den nationalen Parteien ein organisatorisches Schattendasein. Für die Arbeit des EP selbst sind sie aber von gar nicht zu überschätzender Bedeutung: Denn ganz ähnlich wie in nationalen Parlamenten ermöglicht erst die Zusammenfassung von Abgeordneten zu großen parlamentarischen Gruppierungen das professionelle Praktizieren politischer Arbeitsteilung und Spezialisierung. Und so sind auch die derzeitigen Fraktionen des EP (vgl. Tabelle 3) ganz nach dem Muster nationaler Parlamente in sachbezogene Arbeitskreise aufgegliedert, welche sich grob an der Ressortgliederung der Kommission orientieren.[38] Damit ist aber auch ersichtlich, dass Kleinfraktionen gegenüber den großen einen strukturellen Wettbewerbsnachteil besitzen, weil die gesamte parlamentarische Arbeitslast auf weniger Schultern zu verteilen ist und damit der Spezialisierungsmöglichkeit der angehörigen Abgeordneten Grenzen gesetzt sind.[39]

---

36 Volker Neßler, Europäische Willensbildung (wie Anm. 34), S. 44-47.

37 Thomas Jansen, Die europäischen Parteien, in: Jahrbuch der Europäischen Integration 1996/97, S. 267-272, hier: S. 267.

38 Gabriele Rutschke, Die Mitwirkung der Fraktionen bei der parlamentarischen Willensbildung im Europäischen Parlament im Vergleich zu den Parlamenten der Mitgliedstaaten, Frankfurt a.M. u.a. 1986, S. 23-24.

39 Am Beispiel des Deutschen Bundestages verdeutlicht jetzt Uwe Kranenpohl dieses allgemeine Strukturproblem parlamentarischer Kleinfraktionen, und insoweit sind seine Erkenntnisse auch auf die Verhältnisse des EP übertragbar: ders., Mächtig oder machtlos? Kleine Fraktionen im Deutschen Bundestag 1949 bis 1994, Opladen, Wiesbaden 1999, insb. S. 193-200.

Tabelle 3: Die Fraktionen des Europäischen Parlaments (Stand: 2001)

Kürzel	Name der Fraktion	Stärke
EVP-ED	Fraktion der Europäischen Volkspartei (Christdemokraten) und europäischer Demokraten	232
PSE	Fraktion der Sozialdemokratischen Partei Europas	181
ELDR	Fraktion der Liberalen und Demokratischen Partei Europas	52
VERTS/ALE	Fraktion der Grünen/ Freie Europäische Allianz	46
GUE/NGL	Konföderale Fraktion der Vereinigten Europäischen Linken/ Nordische Grüne Linke	42
UEN	Fraktion Union für das Europa der Nationen	30
TDI	Technische Fraktion der unabhängigen Abgeordneten - gemischte Fraktion	19
EDD	Fraktion für das Europa der Demokratien und der Unterschiede	16
NI	Fraktionslos	8

Allerdings führen die einzelnen Landesgruppen innerhalb der Fraktionsgemeinschaft ein deutliches Eigenleben[40] und setzen damit den europäischen Parteien deutliche Gestaltungsgrenzen. Politische und Abstimmungskohäsion in den Fraktionen sind deshalb nicht mit derjenigen nationaler Parlamente vergleichbar, zumal ja keine vom parlamentarischen Vertrauen abhängige europäische Regierung existiert, welche entsprechende stabile Mehrheiten voraussetzte.

Dennoch ist die Fraktionsdisziplin im Regelfall recht hoch, nach neuesten Analysen von *Richard Corbett* u.a. im Schnitt über 80% liegend,[41] wobei die Großfraktionen von Sozialisten und EVP-ED hier allerdings bedeutend besser abschneiden als die inhomogenen Kleingruppierungen. Diese Kohäsion resultiert zum einen aus den noch genauer zu charakterisierenden arbeitsteiligen Entscheidungsprozessen, aber auch aus den Sanktionspotentialen der Gesamtfraktion: Quertreiber können durch Verweigerung wichtiger Ämter (Frakti-

---

40 Karl M. Johansson, Die veränderte Bedeutung der politischen Fraktionen, in: Ernst Kuper/ Uwe Jun (Hrsg.), Nationales Interesse und integrative Politik in transnationalen parlamentarischen Versammlungen, Opladen 1997, S. 39.

41 Richard Corbett/ Francis Jacobs/ Michael Shackleton, The European Parliament, 4. Aufl., London 2000, S. 90.

onsvorstand, Ausschussberichterstatter etc.) abgestraft werden.[42] Die gewach-
senen Zugriffsbefugnisse des EP auf die Kommission lassen im übrigen für
die Zukunft eine Verstärkung der *parteipolitischen Formierung* und damit
auch eine weiter wachsende Bindungswirkung der Fraktionen erwarten; die
ideologisch polarisierte und deutlich durch Fraktionszugehörigkeit geprägte
Diskussion um den Misstrauensantrag gegen die Kommission unter *Jacques
Santer* zur Jahreswende 1998/99 ist dafür ein deutlicher Fingerzeig.[43]

Schließlich sind auch erhebliche prozedurale Befugnisse für die dominierende parlamentarische Stellung der Fraktionen und damit für die blockmäßi-
ge Formierung des EP verantwortlich: Wie in nationalen Parlamenten auch,
obliegt ihnen die Nominierung der Ausschussmitglieder und die Aushandlung
von plenaren Redezeiten. Ausgeprägte parlamentarische Antragsrechte treten
hinzu.[44] Eine gewisse Auflockerung erfährt die beschriebene Fraktionsstruk-
tur allerdings durch etliche Dutzend fraktionsübergreifender "Intergroups",
welche einer Vielzahl von speziellen Sachthemen (u.a. Ost-Timor, Internet,
Tierschutz, Anti-Personen-Minen etc.) gewidmet und dabei nicht immer nur
bierernsten Charakters sind: Auch die "All Parties Friends of Cycling", der
"Beer Club" oder die "Kangaroo Group" sind hier zu finden.[45]

c) Spezialisierung und Arbeitsteilung im Ausschusssystem

Getragen von diesem arbeitsteiligen fraktionellen Unterbau ist das Ausschusssystem des EP, welches die Arbeitsteiligkeit des parlamentarischen Entscheidungsprozesses formalisiert und das *institutionelle* Gewicht des EP erst voll
entfaltet[46] - beileibe keine Selbstverständlichkeit, denn die Beispiele des
britischen Unterhauses und der französischen Nationalversammlung führen
drastisch vor Augen, dass die Macht eines Parlaments durch unterentwickelte

42 Ebd. S. 89-90.
43 Zum Ablauf Dietrich Rometsch, Die Europäische Kommission, in: Jahrbuch der
    Europäischen Integration 1998/99, S. 71-78, hier: S. 75-77.
44 Volker Neßler, Europäische Willensbildung (wie Anm. 34), S. 38-40.
45 Richard Corbett/ Francis Jacobs/ Michael Shackleton, The European Parliament
    (wie Anm. 41), S. 157-165.
46 Shawn Bowler/ David Farrell, The Organising of the European Parliament: Com-
    mittees, Specialisation and Coordination, in: British Journal of Political Science 25
    (1995), S. 219-245.

Ausschussstrukturen entscheidend geschwächt werden kann.[47] Proportional nach Stärke der Fraktionen zusammengesetzt, finden sich in ihnen regelmäßig wieder die Experten der jeweiligen fraktionellen Arbeitsgruppen zusammen, welche sodann als *Berichterstatter* gesonderte Zuständigkeitsbereiche zugewiesen bekommen. Recht umfangreiche Tätigkeitsfelder der einzelnen Ausschüsse, wie etwa "Industrie, Außenhandel, Forschung und Energie", machen eine solche weitere interne Spezialisierung unumgänglich und verleihen dem EP unter diesem Gesichtspunkt fast eine behördliche Struktur, in welcher Zuständigkeiten klar verteilt, Dienstwege einzuhalten sind und dem Außenstehenden ein gerüttelt Maß an Kenntnis parlamentarischer Funktionslogik abverlangt wird.[48]

Abverlangt wird aber auch den einzelnen Parlamentariern ein erhebliches Maß an gegenseitigem Vertrauen, muss man sich doch bei der Masse der Abstimmungen mangels eigener Sachkompetenz auf das Votum der jeweiligen Fraktionsexperten verlassen können. Gerade dies hat in den letzten Jahrzehnten, gepaart mit den weiter oben beschriebenen Europäisierungs- und Professionalisierungstendenzen unter den Abgeordneten selbst, zu einer signifikanten Zunahme parlamentarischen *Korpsgeistes* im EP geführt, der natürlich primär fraktionsintern wirksam ist, aber auch übergreifend wirkt.[49] Die Ausschussstruktur fördert dies auch deshalb, da aus personellen Gründen nicht für jedes Spezialproblem Berichterstatter aus allen Fraktionen bestellt werden. Man einigt sich meist im Konsens auf einen einzelnen Hauptberichterstatter, dem von Fall zu Fall weitere 'Schattenberichterstatter' anderer Fraktionen zur Seite stehen. Dieses Verfahren setzt ein hohes Maß an *interfraktioneller Koordination* und auch gegenseitigen Vertrauens voraus.

Dieser gewachsene parlamentarische Korpsgeist wiederum, getragen von sachpolitischer Kompetenz, ist ebenfalls für das kontinuierlich gewachsene Gewicht des EP verantwortlich zu machen: bestimmtes Auftreten der Parlamentarier gegenüber Kommission und Rat, gepaart mit sachlicher Expertise,[50]

---

47 Vgl. Udo Kempf, Von de Gaulle bis Chirac. Das politische System Frankreichs (wie Anm. 28), S. 110 und Roland Sturm, Großbritannien. Wirtschaft - Gesellschaft - Politik, 2. völlig überarb. und erw. Aufl., Opladen 1997, S. 268-269.
48 Richard Corbett/ Francis Jacobs/ Michael Shackleton, The European Parliament (wie Anm. 41), S. 105-129.
49 Thomas Niedermeier, Problemnah, aber bürgerfern? (wie Anm. 20), S. 90.
50 Roger Morgan/ Clare Tame, Parliaments and Parties. The European Parliament in the Political Life of Europe, New York/ London 1996, S. 352.

führten letztlich zu der Bereitschaft, dieser professionell agierenden parlamentarischen Institution nunmehr auch Rechte zu verleihen, welche zu einem erheblichem Maße den nationalen Szenerien entsprachen.

Hat sich das EP durch die Entwicklung der bisher beschriebenen arbeitsparlamentarischen Strukturen schon ideale *institutionelle* Voraussetzungen zur politischen Mitsteuerung im Gefüge der EU geschaffen, so wird der Kommunikationsfluss zwischen ihm und den anderen Organen auch durch ähnliche arbeitsteilige Organisationsgliederungen erleichtert und gefördert. In bewusster Anlehnung an die politikfeldorientierte Gliederung der Kommissionsverwaltung in Generaldirektionen (GD) haben sich die Ausschüsse des EP arbeitsteilig organisiert. 23 Generaldirektionen der Kommission stehen 17 Parlamentsausschüsse gegenüber, die über weite Strecken vergleichbare Zuständigkeitsbereiche besitzen, was Abbildung 2 zu entnehmen ist.[51]

Einer Haushaltsdirektion ist ein Haushaltsausschuss zugeordnet, der GD Landwirtschaft der Ausschuss für Landwirtschaft und ländliche Entwicklung, und auch die Fischerei wird sowohl von einer GD wie von einem entsprechenden Ausschuss betreut. In verschiedenen Fällen hat man jedoch in den jeweiligen Parlamentsausschüssen Zuständigkeitsbereiche mehrerer GD zusammengefasst, so z.B. im Ausschuss für Umweltfragen, Volksgesundheit und Verbraucherpolitik, welcher der institutionelle Widerpart von zwei GD (Gesundheit und Verbraucherschutz, Umwelt) darstellt. Und schließlich existieren auch Ausschüsse, wie für das Petitionswesen oder die "Rechte der Frau und Chancengleichheit", welche überhaupt keine organisatorische Entsprechung im Bereich der Kommissionsbürokratie finden.

Die genannten Beispiele stellen jedoch lediglich Modifikationen des organisatorischen Grundmusters dar, welches auf eine konsequente Angleichung der Strukturen angelegt ist - was sich im übrigen auch auf die fraktionsinterne Arbeitsteilung auswirkt, die sich wiederum eng an der parlamentarischen Ausschussstruktur orientiert und somit mittelbar ebenfalls von der Gliederung der Kommission vorbestimmt wird.

---

51 Eigene Zusammenstellung nach Udo Diedrichs, Europäische Kommission, in: Werner Weidenfeld/ Wolfgang Wessels (Hrsg.), Europa von A bis Z. Taschenbuch der europäischen Integration, Bonn 2000, S. 144-153, hier: S. 147; Andreas Maurer, Europäisches Parlament, ebd. S. 188-197, hier: S. 191.

**Abbildung 2: Organisationsstrukturen von EP und Kommission
im Vergleich (Stand: 2000)**

GD der Kommission	Zugeordnete Ausschüsse des EP
Außenbeziehungen	Auswärtige Angelegenheiten, gemeinsame Sicherheit und Verteidigungspolitik
Beschäftigung und Soziales	Beschäftigung und soziale Angelegenheiten
Bildung und Kultur	Kultur, Jugend, Bildung, Medien, Sport
Informationsgesellschaft	
Binnenmarkt	Recht und Binnenmarkt
Energie und Verkehr	Regionalpolitik, Verkehr und Fremdenverkehr
Regionalpolitik	
Entwicklung	Entwicklung und Zusammenarbeit
Erweiterung	Konstitutionelle Fragen (z.T.)
Finanzkontrolle	Haushaltskontrolle
Fischerei	Fischerei
Forschung	
Handel	Industrie, Außenhandel, Forschung und Energie
Unternehmen	
Gesundheit und Verbraucherschutz	Umweltfragen, Volksgesundheit und Verbraucherpolitik
Umwelt	
Haushalt	Haushalt
Justiz und Inneres	Freiheiten und Rechte der Bürger, Justiz und innere Angelegenheiten
Landwirtschaft	Landwirtschaft und ländliche Entwicklung
Wirtschaft und Finanzen	Wirtschaft und Währung
Personal und Entwicklung	---
Steuern und Zollunion	---
Wettbewerb	---
---	Rechte der Frau und Chancengleichheit
---	Petitionen

Dieses Muster der Koevolution der Arbeitsstrukturen setzt sich auch auf den nachgeordneten Ebenen fort: Die Direktionen und einzelnen Abteilungen der Generaldirektionen[52] finden auf parlamentarischer Seite ihre Entsprechung in den jeweils zugeordneten Berichterstattern in Fraktionen bzw. Ausschüssen, welche sich auf deren spezifische Zuständigkeitsbereiche spezialisiert haben. Die Logik des Systems ist klar: Durch vergleichbare arbeitsteilige Strukturen in Kommission, Rat und EP sind Zuständigkeitsbereiche für die jeweils anderen Organe klar ersichtlich, und die Vernetzung zwischen den jeweils federführenden Kommissionsbeamten, Parlamentariern und Angehörigen der Ratsbürokratie wird zum einen deutlich erleichtert und zum anderen auf eine dauerhafte Basis gestellt.

Denn da die Arbeitsfelder der Beteiligten im Regelfall längerfristig festgeschrieben sind, sei es durch längere Stehzeiten der Kommissionsbeamten in ihren Abteilungen oder durch langjährige Berichterstatterschaft eines Abgeordneten im selben Ausschuss, bilden sich jeweils überschaubare, *organübergreifende* Expertennetzwerke heraus, welche gerade den Parlamentariern erhebliche faktische Mitsteuerungsmöglichkeiten eröffnen, welche nicht einmal rechtlich verankert sein müssen.[53] Denn mit der Etablierung dieser Netzwerke entsteht die schon angesprochene gegenseitige fachliche Wertschätzung, welche gerade den Abgeordneten gegenüber der Kommission ein erhebliches Thematisierungspotential eröffnet: Sachlogisch begründete Initiativen können durch diese Kontakte informell in die federführenden Abteilungen der Kommission eingeschleust und in entsprechende Initiativen umgemünzt werden.[54]

Umgekehrt vermag so wohl auch ein Kommissionsbeamter, welcher mit einer Initiative innerhalb seiner GD auf Widerstand stößt oder auch zwischen den Ressorts Konflikte auslöst, informell parlamentarische Unterstützung zu mobilisieren, indem er der entscheidungsunwilligen Bürokratie durch eine gezielt lancierte parlamentarische Anfrage seines parlamentarischen Expertenkollegen versucht, auf die Sprünge zu helfen.

---

52 Einen detaillierten, allerdings nicht mehr ganz aktuellen Überblick über die arbeitsteilige Organisation der Kommission verschaffen Wolfgang A. Dietz/ Christiane Glatthaar, Das Räderwerk der Europäischen Kommission. Strukturen, Zuständigkeiten, Entscheidungswege, Adressen, 2., neubearb. und erw. Aufl., Bonn 1994.

53 George Tsebelis, The Power of the European Parliament as a Conditional Agenda Setter, in: American Political Science Review 88 (1994), S. 128-142.

54 Ebd.

2. Die rechtliche Dimension: Parlamentarisierung durch Kompetenzausweitung

a) Kontrolle: Das Europäische Parlament als Aufsichtsorgan der EU

Auch die vergleichsweise früh entwickelten *Kontrollinstrumente* des EP können als Einfallstor für die exponentielle Machtausweitung der europäischen Parlamentarierversammlung seit Mitte der achtziger Jahre interpretiert werden. Denn neben den üblichen parlamentarischen Folterwerkzeugen (mündliche und schriftliche Anfragen, Fragestunden mit Kommissaren oder dem Ratspräsidenten, Einsetzung von Untersuchungsausschüssen) wurden dem EP schon frühzeitig wesentlich weiterreichende Instrumente an die Hand gegeben: Als Organ der EU ist es vor dem Europäischen Gerichtshof klagebefugt, sofern die Parlamentarier eine Verletzung ihrer eigenen Kompetenzen durch Rat oder Kommission vorliegen sehen. Gleiches gilt im Falle der Untätigkeit der beiden Organe in Rechtsetzungsverfahren, welcher das Parlament durch eine "Untätigkeitsklage" beikommen kann.[55] Das EP besitzt also durchaus effektive Instrumente, um die Konkurrenzorgane zumindest zum Handeln zu bewegen; ein bloßes Verschleppen von Vorlagen kann - den Willen des EP vorausgesetzt - gerichtlich geahndet werden.

Gleichermaßen sind auch die Kontrollinstrumente gegenüber der Kommission frühzeitig angelegt: Ihre jährliche Rechenschaftspflicht in Form eines "Gesamtberichts" an das EP wurde ebenfalls bereits schon 1952 festgeschrieben, und schon zum selben Zeitpunkt verlieh man den Parlamentariern das Recht, mit Zweidrittelmehrheit die gesamte Kommission zum Rücktritt zu zwingen.[56] 1977 trat noch das Haushaltsprüfungsrecht hinzu: Auf der Basis des letztjährigen Etats erfolgt eine Prüfung der Ausgaben, und je nach Haushaltsführung erfolgt eine Entlastung bzw. deren Verweigerung, wobei die

---

55 Elke Thiel, Die Europäische Union, 5., völlig neugestaltete Aufl., München 1997, S. 107.

56 Vgl. Art. 23 und 24 des Vertrages über die Gründung der Europäischen Gemeinschaft für Kohle und Stahl, wieder abgedruckt in Eberhard Grabitz/ Thomas Läufer, Das Europäische Parlament, Bonn 1980, S. 397.

rechtlichen Konsequenzen letzterer nicht eindeutig sind: ein anschließendes Misstrauensvotum ist nicht obligatorisch.[57]

Die faktische Bedeutung dieser Kontrollrechte liegt dabei nicht in ihrer unmittelbaren Exekution, sondern in den aus ihnen resultierenden langfristigen Effekten: bisher ist noch keine einzige Kommission formell zum Rücktritt genötigt worden,[58] denn auch die letzte unter dem Vorsitz *Jacques Santers* trat nach Verfehlungen einzelner Kommissare (*Edith Cresson, Manuel Marín Gonzalez*) von selbst zurück, allerdings auf massiven Druck von seiten der nationalen Regierungen und nicht zuletzt des EP. Wesentlich wichtiger sind die damit verbundenen politischen *Beteiligungsrechte* des EP, welche die Kooperationsbereitschaft von Rat und Kommission fördern und die Parlamentarier zu einem integralen Bestandteil des europapolitischen Entscheidungsprozesses werden lassen. Organisationssoziologisch gesehen ergeben sich hier deutliche Parallelen zu nationalen Parlamentarisierungsprozessen des 19. Jahrhunderts: Auch hier gaben parlamentarische Kontrollinstrumente den Abgeordneten die Möglichkeit, der Exekutive politische Mitgestaltungsmöglichkeiten im Bereich der Gesetzgebung abzutrotzen.[59] Für das EP gilt *cum grano salis* dasselbe: Über die Jahrzehnte wuchs durch die intensive politische Kommunikation mit den Parlamentariern auch auf seiten von Kommission und Rat das Bewusstsein, es mit einer sachkompetenten repräsentativen Vertretungskörperschaft zu tun zu haben, und die Bereitschaft in den letzten fünfzehn Jahren, ihm weitgehende legislative Mitentscheidungsbefugnisse zu übertragen, resultiert nicht zuletzt aus dieser Wahrnehmung.[60]

---

57 Dörte Doering, Die europäischen Liberalen und die Zukunft des Europäischen Parlaments, in: dies./ Franz-Josef Klein/ Dieter Putz, Die Kompetenzen des Europäischen Parlamentes, Hannover 1979, S. 75.

58 Allein in der langen Phase vor Einführung der Direktwahl 1979 wurden insgesamt nur vier Misstrauensanträge eingereicht, von denen jedoch zwei schon vor der Abstimmung wieder zurückgezogen wurden. Die anderen beiden scheiterten. Vgl. Rainer Seider, Die Zusammenarbeit von deutschen Mitgliedern des Europäischen Parlamentes und des deutschen Bundestages und ihr Beitrag zum Abbau des parlamentarischen Defizits in der Europäischen Gemeinschaft, Frankfurt a.M. u.a. 1990, S. 112.

59 Vgl. dazu exemplarisch Ludwig Bergsträsser, Die Entwicklung des Parlamentarismus in Deutschland, in: Kurt Kluxen (Hrsg.), Parlamentarismus, 5. erw. Aufl., Königstein/ Ts. 1980, S. 138-160.

60 Eine derartige Reputation kann M.P.C.M. van Schendelen schon im Jahre 1984 empirisch nachweisen: Vgl. ders., Das Geheimnis des Europäischen Parlaments:

b) Gesetzgebung: Mitsteuerung bei der Setzung europäischen Rechts

Und so sind die seit dem Vertrag von *Maastricht* exponentiell angewachsenen
gesetzgeberischen Befugnisse des EP nur auf diesem entwicklungsgeschicht-
lichen Hintergrund zu verstehen: Denn bis zur *Einheitlichen Europäischen
Akte* (EEA) 1986 besaß das Parlament im Rahmen europäischer Gesetzgebung lediglich ein unverbindliches Anhörungsrecht, und auch dieses nicht
durchgängig in allen Politikfeldern. Stellungnahmen der Parlamentarier zu
einem Richtlinien- bzw. Verordnungsentwurf der Kommission wurden als
weitere Entscheidungsgrundlage an den beschlussfassenden Rat weitergelei-
tet.[61]

Im Haushaltsrecht erfolgte ein erster Quantensprung jedoch bereits in den
siebziger Jahren, als man den Parlamentariern 1975 ein globales Haushalts-
bewilligungsrecht zugestand und auch in begrenztem Umfange ein eigenständiges Recht auf Veränderung der "nichtobligatorischen" Haushaltstitel einräumte.[62] Ein durch Absprache zwischen Parlament, Kommission und Rat
geschaffenes Konzertierungsverfahren dient dabei der Abstimmung durch
Kompromissfindung. Entwicklungsgeschichtlich gesehen ist dies ein konse-
quenter Ausbau der schon existierenden parlamentarischen Kontrollrechte,
und gleichermaßen sind die somit zugestandenen etatmäßigen Legislativbe-
fugnisse wiederum als Einfallstor für die Ausweitung gesetzgeberischer
Kompetenzen auf anderen Politikfeldern zu interpretieren. Denn das Haushaltsrecht besitzt als *Querschnittskompetenz* effektive Auswirkungen auf alle
übrigen Felder der Gesetzgebung, weil ein Großteil der verabschiedeten
Richtlinien und Verordnungen nicht kostenneutral ist, sondern durch entsprechende Haushaltstitel gedeckt sein muss. Schon lange vor der *formellen Ver-
ankerung* legislativer Mitentscheidungsbefugnisse besaßen die Europaparlamentarier also in ihrer Funktion als *Haushälter* Einflussmöglichkeiten, zumal

---

Einfluß auch ohne Kompetenzen, in: Zeitschrift für Parlamentsfragen 15 (1984),
S. 415-426, hier: S. 420-422.

61   Peter Schönberger, Hauptsache Europa (wie Anm. 13), S. 25-46.

62   Thomas Läufer, Die Organe der EG - Rechtsetzung und Haushaltsverfahren zwischen Kooperation und Konflikt. Ein Beitrag zur institutionellen Praxis der EG,
Bonn 1990, S. 60-61.

in den nichtobligatorischen Etatbereichen, welche auch in ein faktisches legislatives Gewicht umgemünzt werden konnten.[63]

Mit der EEA 1986 trug man diesen Gegebenheiten dann auch faktisch Rechnung, indem man dem EP durch die Schaffung des *Zustimmungsverfahrens* und des Verfahrens der *Zusammenarbeit* neben den Etatrechten erste formallegislative Rechte verlieh. Ersteres verschaffte dem EP ein Zustimmungsrecht bei Assoziierungsabkommen und der Aufnahme neuer Mitglieder der Gemeinschaft, zweiteres in bestimmten, vertraglich definierten Gemeinschaftspolitiken ein *suspensives Vetorecht* gegenüber allen vom Rat mit qualifizierter Mehrheit getroffenen Entscheidungen. Damit waren die faktischen Mitsteuerungsmöglichkeiten der Parlamentarier zwar immer noch begrenzt, zumal alle einstimmigen Beschlüsse vom Zusammenarbeitsverfahren von vornherein ausgenommen waren;[64] immerhin aber beförderten beide neuen Prozeduren die Kooperationsbereitschaft des Rates bei den Projekten, in welchen er selbst auf eine rasche Verabschiedung drängte und diese nicht durch ein drohendes parlamentarisches Veto verzögern lassen wollte.

Einmal auf dieser Kompetenzebene angelangt, ließ das Zugestehen effektiver legislativer *Mitentscheidungsbefugnisse* nicht mehr lange auf sich warten. Keine Frage, dass die Parlamentarier dies schon Jahrzehnte selbst gefordert und bereits 1984 zu einem Kernpunkt ihres wegweisenden Verfassungsentwurfs gemacht hatten, in welchem sie das EP als vollwertige zweite Kammer neben den Ministerrat rückten.[65] Die aktuelle Debatte um *Joschka Fischers* Verfassungsmodelle[66] und die auf dem jüngsten EU-Gipfel in *Laeken* beschlossene Einrichtung des Reformkonvents knüpfen im übrigen an diese Initiative an und verschaffen ihr späte, aber um so nachhaltigere Würdigung.

---

63 George Tsebelis, The Power of the European Parliament as a Conditional Agenda Setter (wie Anm. 53).

64 Vgl. die detaillierten Bestimmungen in Art. 252 EG-Vertrag. Durch den Vertrag von Amsterdam 1997 wurde jedoch das Verfahren der Zusammenarbeit in den meisten Fällen durch das Mitentscheidungsverfahren abgelöst.

65 Otto Schmuck, Die Diskussion über die europäische Verfassung, in: Zeitschrift für Politikwissenschaft 11 (2001), S. 105-124, hier: S. 109.

66 Eine systematische Aufbereitung dieser Diskussion leisten Katharina Holzinger/ Christoph Knill, Institutionelle Entwicklungspfade im Europäischen Integrationsprozeß: Eine konstruktive Kritik an Joschka Fischers Reformvorschlägen, in: Zeitschrift für Politikwissenschaft 11 (2001), S. 987-1010.

Abbildung 3: Mitwirkungsbefugnisse des EP im Bereich der Gemeinschaftspolitiken nach den Verträgen von Maastricht 1992, Amsterdam
1997 und Nizza 2001 im Vergleich (nur EG-Vertrag)

Gemeinschaftspolitik gem. EG-Vertrag	Mitwirkungsrechte des EP		
	Maastricht (1992)	Amsterdam (1997)	Nizza (2001)
I. Freier Warenverkehr	Keine	Keine	Keine
II. Landwirtschaft	Anhörung	Anhörung	Anhörung
III. Freizügigkeit, freier Dienstleistungs- und Kapitalverkehr			
1. Arbeitskräfte	Mitentscheidung	Mitentscheidung	Mitentscheidung
2. Niederlassungsrecht	Mitentscheidung	Mitentscheidung	Mitentscheidung
3. Dienstleistungen	Anhörung	Anhörung	Anhörung
4. Kapital- und Zahlungsverkehr	Keine/ Unterrichtung	Keine/ Unterrichtung	Keine/ Unterrichtung
IV. Visa, Asyl, Einwanderung und andere den freien Personenverkehr betr. Politiken	---	Anhörung	Anhörung/ Mitentscheidung
V. Verkehr	Anhörung/ Zusammenarbeit	Anhörung/ Mitentscheidung	Anhörung/ Mitentscheidung
VI. Wettbewerb, Steuerfragen, Angleichung von Rechtsvorschriften			
1. Wettbewerbsregeln	Anhörung	Anhörung	Anhörung
2. Steuerliche Vorschriften	Anhörung	Anhörung	Anhörung
3. Angleichung der Rechtsvorschriften	Anhörung/ Mitentscheidung	Anhörung/ Mitentscheidung	Anhörung/ Mitentscheidung
VII. Wirtschafts- und Währungspolitik			
1. Wirtschaftspolitik	Unterrichtung/ Zusammenarbeit	Unterrichtung/ Zusammenarbeit	Unterrichtung/ Zusammenarbeit
2. Währungspolitik	Keine/ Unterrichtung/ Anhörung/ Zus.arbeit/ Zustimmung	Keine/ Unterrichtung/ Anhörung/ Zus.arbeit/ Zustimmung	Keine/ Unterrichtung/ Anhörung/ Zus.arbeit/ Zustimmung
3. Institutionelle Bestimmungen	Unterrichtung	Unterrichtung	Unterrichtung
VIII. Beschäftigung	---	Anhörung/ Mitentscheidung	Anhörung/ Mitentscheidung
IX. Gemeinsame Handelspolitik	Keine	Keine/ Anhörung	Keine/ Anhörung
X. Zusammenarbeit im Zollwesen	---	Mitentscheidung	Mitentscheidung

XI. Sozialpolitik, allg. und berufliche Bildung und Jugend			
1. Sozialvorschriften	Zusammenarbeit	Mitentscheidung	Mitentscheidung
2. Europäischer Sozialfonds	Zusammenarbeit	Mitentscheidung	Mitentscheidung
3. Allgemeine und berufliche Bildung der Jugend	Zus.arbeit/ Mitentscheidung	Mitentscheidung	Mitentscheidung
XII. Kultur	Mitentscheidung	Mitentscheidung	Mitentscheidung
XIII. Gesundheitswesen	Mitentscheidung	Mitentscheidung	Mitentscheidung
XIV. Verbraucherschutz	Mitentscheidung	Mitentscheidung	Mitentscheidung
XV. Transeuropäische Netze	Zus.arbeit/ Mitentscheidung	Mitentscheidung	Mitentscheidung
XVI. Industrie	Anhörung	Anhörung	Mitentscheidung
XVII. Wirtschaftlicher und sozialer Zusammenhalt	Anhörung/ Zus.arbeit/ Zustimmung	Anhörung/ Zustimmung/ Mitentscheidung	Zustimmung/ Mitentscheidung
XVIII. Forschung und technologische Entwicklung	Anhörung/ Mitentscheidung	Anhörung/ Mitentscheidung	Anhörung/ Mitentscheidung
XIX. Umwelt	Anhörung/ Zus.arbeit / Mitentscheidung	Anhörung/ Mitentscheidung	Anhörung/ Mitentscheidung
XX. Entwicklungszus.arbeit	Zusammenarbeit	Mitentscheidung	Mitentscheidung
XXI. Wirtschaftliche, finanzielle und technische Zus.arbeit mit Drittländern	---	---	Anhörung
Quellen: EG-Vertrag vom 7. Februar 1992; EG-Vertrag vom 7. Februar 1992 in der Fassung vom 2. Oktober 1997; Vertrag von Nizza zur Änderung des Vertrags über die Europäische Union, der Verträge zur Gründung der Europäischen Gemeinschaften sowie einiger damit zusammenhängender Rechtsakte vom 26. Februar 2001; die Nummerierung entspricht den jeweiligen Titelnummern des Vertrags.			

Mit dem *Vertrag von Maastricht* 1992 wurde das *Mitentscheidungsverfahren* geschaffen, welches dem Parlament nunmehr in etlichen Politikfeldern ein *absolutes legislatives Vetorecht* einräumte. Nur fünf Jahre später wurde sein Geltungsbereich durch den *Amsterdamer Vertrag* erneut erweitert, und auch die Beschlüsse von *Nizza* führten im Jahre 2001 zu weiterem Kompetenzzuwachs: Von den Gemeinschaftspolitiken "Kultur" und "Gesundheit" über den Verbraucherschutz bis hin zu "Beschäftigung", "Umwelt" und "Transeuropäische Netze" besitzt das EP nunmehr fast gleichwertige Mitgestaltungsbefugnisse und kann damit Rat und Kommission effektiv zur Kooperation nötigen. Welche machtpolitische Dynamik das EP dabei gerade in der letzten Dekade entfaltet hat, verdeutlicht Abbildung 3, in der, getrennt nach den vertraglich definierten EG-Gemeinschaftspolitiken, die jeweiligen Mitwirkungsbefugnisse des EP 1992 bzw. 1997 aufgelistet sind.[67]

Sie zeigt aber auch, dass zentrale Bereiche vom Mitentscheidungsverfahren nach wie vor ausgenommen sind: So ist das voll vergemeinschaftete und vom Finanzvolumen her dominierende Feld der Agrarpolitik bis heute nur dem Anhörungsverfahren unterworfen, das Zusammenarbeitsverfahren ist in Teilbereichen der Wirtschafts- und Währungspolitik noch festgeschrieben, und bei der Regelung des freien Warenverkehrs sieht der EG-Vertrag bis heute überhaupt keine parlamentarische Mitwirkung vor. Der Trend ist jedoch klar: In nicht allzu ferner Zukunft wird das Mitentscheidungsverfahren flächendeckend zur Anwendung kommen, wobei später noch zu thematisierende parlamentarische *Koppelgeschäfte* diesen Prozess kontinuierlich weitertreiben.

Darüber hinaus ist eine Parlamentarisierung europäischer Außenpolitik in vollem Gange, da der GASP-Haushalt seit dem *Vertrag von Amsterdam* regulärer Titel des EU-Haushalts ist und damit der Zustimmung des EP unterliegt. Selbst in den nicht vergemeinschafteten Säulen der EU besitzen die Abgeordneten also gleichsam durch die fiskalische 'Hintertür' ein legislatives Mitsteuerungspotential.[68]

Im Lichte dieser Entwicklung dürfte auch die Einführung des *formellen legislativen Initiativrechts* des EP[69] nur mehr eine Frage der Zeit sein, wobei wiederum entsprechende evolutionäre Parallelen nationaler Parlamentarisierung im 19. Jahrhundert erinnerlich werden: Beginnend mit Mitwirkungsrechten bei der Haushaltslegung und fortgeführt mit *reaktiven* legislativen Kompetenzen, verlieh man den Parlamenten oft erst später ein eigenständiges gesetzgeberisches Initiativrecht.[70] Die Abgeordneten selbst waren hieran naturge-

---

67   Der Übersichtlichkeit halber sind die entsprechenden Bestimmungen des EGKS- und des EURATOM-Vertrages bzw. die übrigen Passagen des EG-Vertrages (Unionsbürgerschaft etc.) hier nicht berücksichtigt.

68   Vgl. zum Gesamtzusammenhang Stefan Krauß, Parlamentarisierung der europäischen Außenpolitik. Das Europäische Parlament und die Vertragspolitik der Europäischen Union, Opladen 2000.

69   Keine Regel ohne Ausnahme: Vorlagen der Parlamentarier für eine Vereinheitlichung der Wahl zum EP und für parlamentarische Statuten sind vertraglich vorgesehen. Vgl. dazu Richard Corbett/ Francis Jacobs/ Michael Shackleton, The European Parliament (wie Anm. 41), S. 209.

70   Vgl. etwa das Beispiel Bayerns im 19. Jahrhundert: Bereits durch die Verfassung von 1818 war dem bikameralen Landtag sowohl ein Mitwirkungsrecht an der Ge-

mäß am meisten interessiert. Ein *funktionales Äquivalent* steht dem EP hier ohnehin schon zur Verfügung, indem es das vertraglich abgesicherte Recht besitzt, die Kommission zur Vorlage von Entwürfen aufzufordern (Art. 192 EG-Vertrag).

c) Kreation: Parlamentarische Mitwirkung bei der Kommissionsbesetzung

Kreationsbefugnisse des EP schließlich - die Mitwirkung bei der Besetzung von Organen und Gremien - sind bisher noch recht rudimentär ausgeprägt, haben aber gerade seit *Maastricht* bedeutende Ausweitungen erfahren, und diese werden wiederum nur auf dem Hintergrund des vorgelagerten jahrzehntelangen machtdynamischen Aufgalopps verständlich. 1992 verbriefte man den Parlamentariern das Recht, die von den nationalen Regierungen nominierten Kommissionsmitglieder in ihrer Gesamtheit zu bestätigen bzw. abzulehnen - ein logisches Korrelat zum seit Jahrzehnten bestehenden Misstrauensrecht,[71] aber politisch lange Zeit nicht durchzusetzen, weil es den Abgeordneten *de facto* Einwirkungsmöglichkeiten auf die von den nationalen Regierungen vorgenommenen Kommissarnominierungen verschafft. Dabei wurden den Parlamentariern auch durch das vorgelagerte, allerdings unverbindliche Recht der Stellungnahme zum nominierten Kommissionspräsidenten politische Einflussmöglichkeiten eröffnet. Bereits fünf Jahre später erweiterte man mit dem Vertragswerk von *Amsterdam* die parlamentarischen Mitwirkungsbefugnisse, indem man das EP am nunmehr zweistufigen Bestellungsverfahren effektiv beteiligte: Der seither mit Richtlinienkompetenz ausgestattete Kommissionspräsident wird im ersten Schritt designiert und vom EP bestätigt, die unter Mitwirkung des Präsidenten zusammengestellte Gesamtkommission in einem zweiten, später folgenden.[72]

Das somit in die Länge gezogene und auch komplizierter gestaltete Verfahren eröffnet den Parlamentariern noch größere Einflussmöglichkeiten, können doch gegenüber Rat bzw. Kommissionspräsidenten schon frühzeitig Signale

---

setzgebung als auch das Recht zur Prüfung des Staatshaushalts und zur Bewilligung der Steuern zugestanden worden. Erst 1848 jedoch erhielten beide Kammern auch das Gesetzesinitiativrecht. Vgl. dazu Bernhard Löffler, Die Bayerische Kammer der Reichsräte 1848 bis 1918. Grundlagen, Zusammensetzung, Politik, München 1996, S. 11-14.

71 Vgl. Anm. 56.
72 Vgl. die Bestimmungen Art. 214 EG-Vertrag.

bezüglich der Mehrheitsfähigkeit ins Auge gefasster Kandidaten gegeben werden. Das zeigte sich schon bei der Auswahl des derzeitigen Kommissions-präsidenten *Romano Prodi*, der aufgrund seines überparteilichen Images nicht zuletzt mit Blick auf das fraktionierte EP designiert wurde.[73] Entwicklungslogisch interpretiert ist es aufgrund der faktisch schon vorhandenen parlamentarischen Mitentscheidungs- und Vetobefugnisse wohl nur eine Frage der Zeit, bis auch ein eigenständiges parlamentarisches Nominierungsrecht formell in die Vertragsarchitektur der EU Eingang findet.[74]

3. Die prozessuale Dimension: Parlamentarisierung durch Intensivierung kommunikativer Vernetzung

a) Mitsteuerung durch Vernetzung

Hat sich das EP also schon substantielle *institutionelle* und *rechtliche* Voraussetzungen zur politischen Mitsteuerung im Gefüge der EU geschaffen, so wächst sein Machtpotential auch nicht zuletzt durch den *stetig intensivierten Kommunikationsfluss* zwischen den Gemeinschaftsorganen. Denn aus den schon angesprochenen, durch institutionelle und rechtliche Rahmenbedingungen geförderten stabilen Expertennetzwerken resultieren noch zusätzliche parlamentarische Machtpotentiale, welche in vieler Hinsicht nationalen Mustern bereits ähneln. So ist es im parlamentarischen Regierungssystem Deutschland längst gängige und aus funktionslogischen Gründen auch naheliegende Praxis, die fachlich federführenden Abgeordneten zumal der Regierungsfraktionen frühzeitig in den gouvernementalen Planungsprozess einzubinden, um den später folgenden parlamentarischen Entscheidungsgang zu

---

73   Vgl. zu den Beziehungen zwischen Kommission und EP in dieser kritischen Phase Andreas Maurer, Das Europäische Parlament, in: Jahrbuch der Europäischen Integration 1999/2000, S. 59-68, hier: S. 61-62.

74   Und so machte es schon in einer Entschließung am 13.01.99 im Kontext der Debatte um das Misstrauensvotum gegen die Kommission *Santer* seinen Anspruch auf verstärkte Mitsprache unmissverständlich deutlich: So sollte ein substantieller Anteil der neuen Kommissare aus den Reihen der Europaparlamentarier berufen werden, und auch die Geschlechterparität wurde eingefordert. Vgl. Otto Schmuck, Das Europäische Parlament, in: Jahrbuch der Europäischen Integration 1998/99, S. 79-86, hier: S. 83.

erleichtern und zu beschleunigen.[75] Gleichermaßen ist es auch in der EU üblich, Europaparlamentarier frühzeitig über Kommissionsinitiativen u.a. zu informieren, um sie damit in politische Planungsprozesse einzubinden.[76] Und die Bereitschaft hierzu erwächst aus einem Konglomerat von Einzelursachen, welche jeweils gesondert in den vorangegangenen Abschnitten behandelt wurden: Sachliche Expertise langjähriger parlamentarischer Berichterstatter und damit einhergehende persönliche Wertschätzung zwischen diesen und den zuständigen Kommissionsbeamten bilden gekoppelt mit dem politischen Unterstützungspotential, das ein Abgeordneter bieten kann, erhebliche Anreize für die Bürokraten, parlamentarische Mitsteuerung zuzulassen. Hinzutreten die mittlerweile auch formell weitreichenden parlamentarischen Mitentscheidungs- und Vetobefugnisse, welche diese Kooperation nicht nur auf diese freiwillig-interessenbedingte Basis stellen, sondern auch rechtlich befördern. Naturgemäß hat dieser Faktor gerade mit der Einführung des Mitentscheidungsverfahrens 1992 exponentiell an Bedeutung gewonnen, aber es hieße die politische Kooperationspraxis unzulässig verkürzend darstellen, sich nur auf ihn zu konzentrieren. Denn gerade erst die langjährig gewachsene, sachpolitisch begründete Vernetzung des EP mit Kommission und Rat *im Vorfeld* von *Maastricht* schuf nicht zuletzt die Bereitschaft bei nationalen Regierungen wie Administration, die Parlamentarier nun auch mit effektiven Mitwirkungsbefugnissen auszustatten.

b) Mitsteuerung durch Vetomacht und Koppelgeschäfte

Allerdings ist auch nicht in Abrede zu stellen, dass die durch das Mitentscheidungsverfahren geschaffene Vetomacht den Parlamentariern neue Möglichkeiten systematischer Machtausweitung eröffnet, und an dieser Stelle ist die politische Konkurrenzsituation zwischen den Organen derzeit am deutlichsten greifbar.[77] Denn zum einen ist juristisch nicht immer eindeutig, welches par-

---

75 Heinrich Oberreuter, Entmachtung des Bundestages durch Vorentscheider auf höchster Ebene?, in: Hermann Hill (Hrsg.), Zustand und Perspektiven der Gesetzgebung. Vorträge und Diskussionsbeiträge der 56. Staatswissenschaftlichen Fortbildungstagung 1988 der Hochschule für Verwaltungswissenschaften Speyer, Berlin 1989, S. 121-139, insb. S. 135-139.

76 Volker Neßler, Europäische Willensbildung (wie Anm. 34), S. 151.

77 Peter Schönberger, Hauptsache Europa (wie Anm. 13), S. 51.

lamentarische Entscheidungsverfahren anzuwenden ist. In diesen Fällen ist der Rat regelmäßig versucht, den Abgeordneten Mitentscheidungsbefugnisse abzustreiten und sie lediglich im Wege des Anhörungs- bzw. Zusammenarbeitsverfahrens zu beteiligen, während die Parlamentarier naturgemäß den Geltungsbereich der Mitentscheidung sehr extensiv interpretieren.[78] Gerade auch durch dessen deutliche formelle Ausweitung im *Amsterdamer Vertrag* 1997 fühlen sie sich in dieser Strategie bestärkt.

Mittlerweile besitzt das EP hier einen strukturellen Wettbewerbsvorteil, weil es durch die Erzwingung von *Koppelgeschäften* die Kooperationswilligkeit von Rat und Kommission entscheidend beeinflussen kann: Die parlamentarische Zustimmung zu einer unstrittig dem Mitentscheidungsverfahren unterliegenden Kommissionsinitiative kann mit anderen Worten vom Zugeständnis der Konkurrenzorgane abhängig gemacht werden, in simultan laufenden, strittigen Anhörungsverfahren den Änderungswünschen der Parlamentarier so weit wie möglich Rechnung zu tragen. Gerade diese "Package Deals" eröffnen dem EP damit auch in Politikfeldern *de facto* effektive Mitentscheidungsbefugnisse, welche *de iure* nur dem Anhörungsverfahren unterliegen bzw. in welchen gar keine formalen parlamentarischen Mitwirkungsrechte vertraglich verankert sind.[79]

c) Mitsteuerung über den nationalen Umweg

Das gewachsene institutionelle und rechtliche Gewicht des EP hat den Einfluss seiner Abgeordneten nicht zuletzt auch auf mitgliedstaatlicher Ebene merklich vergrößert und eröffnet ihnen damit auch verstärkt Mitsteuerungspotentiale über den nationalen Umweg. So ist etwa der Kontakt zwischen den Fraktionen des Deutschen Bundestages und den deutschen Europaabgeordneten der eigenen Partei schon seit längerem durch spezielle Koordinierungsbüros institutionalisiert, welche am Sitz des deutschen Parlaments bzw. beim EP eingerichtet wurden.[80] Auch die Schaffung eines eigenen EU-Ausschusses im

---

78   Richard Corbett/ Francis Jacobs/ Michael Shackleton, The European Parliament (wie Anm. 41), S. 200-203.

79   Volker Neßler, Europäische Willensbildung (wie Anm. 34), S. 158-162.

80   Rainer Seider, Die Zusammenarbeit von deutschen Mitgliedern des Europäischen Parlamentes und des deutschen Bundestages und ihr Beitrag zum Abbau des parlamentarischen Defizits in der Europäischen Gemeinschaft (wie Anm. 58), S. 204-217.

Bundestag, der seit 1993 im Grundgesetz (Art. 45) verankert ist und politik-feldmäßige Querschnittsfunktion besitzt, hat die parlamentarische Kooperation zwischen nationaler und EU-Ebene deutlich intensiviert.[81] Spezielle Europafachausschüsse in den Parteiorganisationen, welche den Parlamentariern auch parteiintern institutionelle Mitwirkungschancen eröffnen, existieren ohnehin schon länger. In Großbritannien hat die Labour-Party darüber hinaus sogar ein System von Verbindungsmitgliedern eingeführt: Jedem Ministerbüro gehört *ex officio* ein britischer Europaabgeordneter des entsprechenden Fachausschusses an, um die Willensbildung frühzeitig abstimmen zu können.[82]

Freilich sollte die Relevanz dieser Mitsteuerungsoption auch nicht überschätzt werden. Zwar besitzen die EP-Abgeordneten für ihre nationalen Parteien und Fraktionen ohne Zweifel eine wichtige Seismographenfunktion, indem sie von Interna politischer Willensbildung berichten und zudem europaspezifische Sachexpertise in den nationalen Entscheidungsprozess einbringen können. Solange jedoch der Kandidatennominierungsprozess nach wie vor in der Hand der nationalen Parteiorganisationen verbleibt, sind den Machtpotentialen der Europaparlamentarier hier naturgemäß Grenzen gesetzt.[83] Einflussnahme über den nationalen Umweg kann deshalb von EP-Abgeordneten nur auf sanfte, argumentative Weise betrieben werden, und er bleibt damit in seiner Wirkung auch begrenzt, zumal die Führungsgremien der Parteien mit Masse durch nationale Funktionsträger besetzt sind.

4. Fazit

Schon seit Jahrzehnten wird die Güte des europäischen Integrationsprozesses auch am Vermögen der Mitgliedstaaten gemessen, das Europäische Parlament nicht nur als demokratische Staffage einer von den nationalen Regierungen dominierten supranationalen Organisation einzurichten, sondern diese Reprä-

---

81 Wolfgang Ismayr, Der Deutsche Bundestag im politischen System der Bundesrepublik Deutschland, Opladen 2000, S. 290-298.

82 Richard Corbett/ Francis Jacobs/ Michael Shackleton, The European Parliament (wie Anm. 41), S. 88.

83 Vgl. Pippa Norris, Recruitment into the European Parliament, in: Richard S. Katz/ Bernhard Wessels (Hrsg.), The European Parliament, the National Parliaments, and European Integration (wie Anm. 17), S. 86-102, die auch bei den Europaparlamentariern die allgemein üblichen "Party Apprenticeships" nachweist (hier: S. 89-90).

sentativkörperschaft mit effektiven politischen Mitwirkungsrechten auszustatten. Und deshalb war es auch nicht verwunderlich, dass kritische Stimmen gerade zu Zeiten schwach ausgeprägter Gestaltungskompetenzen des EP ein strukturelles Demokratiedefizit der gesamten Organisation monierten. Die Chancen des Zusammenwachsens zu einem einigen und gleichzeitig bürgernahen Europa waren dadurch noch mit einem deutlichen Fragezeichen versehen.

Die Zeiten haben sich geändert: Zwar ist die 'Bürgerferne' des EP bis heute noch ein strukturelles Problem, da es den einzelnen Parlamentariern mit Betreuungsgebieten von der durchschnittlichen Größe mehrerer bayerischer Regierungsbezirke praktisch unmöglich ist, intensiven und regelmäßigen Kontakt zur Wählerklientel zu pflegen.[84] Sein politisches Gewicht im Gefüge der EU ist jedoch deutlich gewachsen - Resultat eines langfristig angelegten Machtpokers zwischen den Gemeinschaftsorganen und den nationalen Regierungen, in welchem sich die europäische Volksvertretung durch Ausbildung arbeitsparlamentarischer Strukturen ihre Mitwirkungsrechte langsam erkämpft hat.

Denn sowohl die gewachsene Reputation sachkompetenter Europaabgeordneter bei Rat und Kommission wie auch die geschickte Nutzung bereits vorhandener Vetokompetenzen führten letztlich zur Bereitschaft der Mitgliedstaaten, dem EP weitreichende politische Mitsteuerungsrechte einzuräumen.

---

84 Vgl. zum Gesamtzusammenhang Werner J. Patzelt, Abgeordnete und Repräsentation. Amtsverständnis und Wahlkreisarbeit, Passau 1993, S. 256-261.

Abbildung 4: Die machtpolitische Dynamik des Europäischen Parlaments

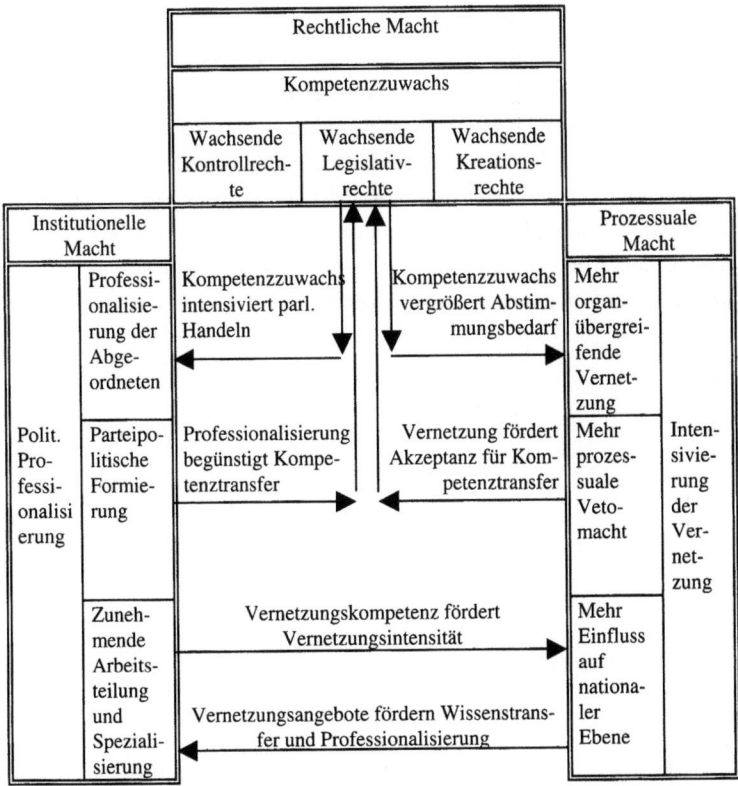

Die machtpolitische Dynamik des Europäischen Parlaments, die in den letzten zwanzig Jahren zu verzeichnen war und insbesondere seit dem *Vertrag von Maastricht* 1992 exponentiell an Potential gewonnen hat, gehört zu den faszinierendsten Evolutionsprozessen im Kontext der gesamten europäischen Integration: Durchaus vergleichbar den nationalen Frühparlamenten der konstitutionellen Monarchien des 19. Jahrhunderts, gewinnt die europäische Volksvertretung kontinuierlich an Einfluss, welcher eben nicht nur *rechtlich* fassbar, sondern auch durch ihr *institutionelles Gewicht* und ihre ausgeprägten

prozessualen Mitwirkungsmöglichkeiten konstituiert wird. Und insoweit ist
M.P.C.M. van Schendelen voll zuzustimmen, der das "Geheimnis des Europä-
ischen Parlaments" schon Mitte der achtziger Jahre im "Einfluß auch ohne
Kompetenzen" erblickte.[85] Dieser Mechanismus wirkt bis heute.

Die zusammenfassende Abbildung 4 soll dabei verdeutlichen, dass diese
Einzelfaktoren nicht gesondert voneinander zu betrachten sind, sondern als
synergetisches Gesamtgefüge, welches auf eine *evolutionäre Ausweitung der
Gesamtmacht* angelegt ist und das machtpolitische Potential des Europäischen
Parlaments in der Tat mehr werden lässt als lediglich die Summe der hier
genannten Einzelteile. Erst im Zusammenwirken verleihen sie den Abgeordneten eine faktische Machtposition, welche durch die dürren Vertragstexte nur
fragmentarisch erfasst wird und das EP wohl bis heute zum meist unterschätzten Organ der Europäischen Union machen.

---

85 M.P.C.M. van Schendelen, Das Geheimnis des Europäischen Parlaments: Einfluß
     auch ohne Kompetenzen (wie Anm. 60).

III. Interessenvertretung im europäischen Mehrebenensystem: Konstanz und Wandel des Eurolobbyismus seit dem Vertrag von Maastricht

Noch Anfang der sechziger Jahre des vergangenen Jahrhunderts konnte sich der legendäre Vorsitzende des Bundesverbandes der Deutschen Industrie, *Fritz Berg*, nicht ganz zu Unrecht damit brüsten, durch eine direkte Intervention bei Bundeskanzler *Adenauer* gleichsam auf dem kleinen Dienstweg politische Entscheidungen maßgeblich zu beeinflussen.[86]

Nicht ganz zu Unrecht, weil Lobbyismus in der Nachkriegszeit über weite Strecken auf den *nationalen Raum* beschränkt blieb und weil sich das System der Interessengruppen noch wesentlich überschaubarer gestaltete als heute: Eine wohlorganisierte Umweltbewegung, die gegen Wirtschaftsinteressen Front hätte machen können, existierte damals genauso wenig wie ein einflussreiches Spektrum von Verbraucher-, Behinderten- oder Friedensinitiativen, welches Non-Profit-Interessen im politischen Entscheidungsprozess adäquat zur Geltung gebracht hätte.[87]

Aber auch heute noch kann man von Verbandsvertretern ähnlich akzentuierte Einschätzungen erhalten. So beschrieb der Funktionär eines Bauindustrieverbandes den lobbyistischen Königsweg in einem Interview wie folgt: "Wenn Sie eine bestimmte Entwicklung befürchten oder wissen, dass da was in der Regierung läuft, und Sie wollen, dass das auf den Tisch kommt: Dann brauchen Sie einen Abgeordneten, der eine Anfrage stellt... Optimal ist es natürlich, wenn Sie dem Abgeordneten die Frage schreiben und dem Staatssekretär die Antwort. Dann haben Sie Ihr Geld für den Monat verdient!"[88]

---

86 Vgl. Theodor Eschenburg, Das Jahrhundert der Verbände. Lust und Leid organisierter Interessen in der deutschen Politik, Berlin 1989, S. 115.

87 Vgl. zur Entwicklung des bundesdeutschen Interessengruppenspektrums seit Mitte der siebziger Jahre Martin Sebaldt, Organisierter Pluralismus. Kräftefeld, Selbstverständnis und politische Arbeit deutscher Interessengruppen, Opladen 1997, S. 75-178.

88 Zit. nach Martin Sebaldt, Parlamentarische Demokratie und gesellschaftliche Modernisierung: Der Deutsche Bundestag im Gefüge organisierter Interessen seit Mitte der siebziger Jahre, in: Heinrich Oberreuter/ Uwe Kranenpohl/ Martin Sebaldt (Hrsg.), Der Deutsche Bundestag im Wandel. Ergebnisse neuerer Parlamentarismusforschung, Wiesbaden 2001, S. 280-302, hier: S. 296.

Auch hier ist die Fixierung auf den *nationalen* Rahmen deutlich greifbar, wohlgeordnet, überschau- und vor allen Dingen kalkulierbar.

Dies ist Vergangenheit: Denn zum einen hat die fortschreitende Integration Europas eine supranationale Organisation entstehen lassen, welcher weitreichende politische Gestaltungsbefugnisse zugewachsen sind, die auf die nationale Ebene beschränkte Interessenvertretung zunehmend obsolet werden ließ: Der Gang ins Bundeskanzleramt kann für deutsche Interessenvertreter auch heute noch sehr wichtig sein, wird aber ohne die simultane 'Bearbeitung' von EU-Kommissaren, Europaabgeordneten und die jeweils federführenden europäischen Beamten nicht recht weiterführen.[89]

Zum anderen hat eben auch die Gemengelage organisierter Interessen in den letzten Jahrzehnten eine nachhaltige Veränderung erfahren: Die nationalen Verbandslandschaften pluralisierten sich durch neu hinzu tretende Gruppenspektren, verkomplizierten die lobbyistische Szenerie und stärkten das Einflusspotential *nichtökonomischer* Interessen nachhaltig.[90] Viele von ihnen machen zudem nicht mehr an den Grenzen einzelner Länder halt (Umweltschutz, Entwicklungshilfe, Entspannungspolitik), sondern sind globalen Charakters, was eine Interessenvertretung jenseits des Nationalstaats ebenfalls erforderlich macht, um einen effektiven lobbyistischen Wirkungsgrad zu erzielen.[91]

Im folgenden soll nun genauer erörtert werden, wie sich das Muster organisierter Interessenvertretung durch die Entwicklung des politischen Mehrebenensystems der Europäischen Union (subnational - national - supranational) verändert hat und welche Konsequenzen dies für die Organisation lobbyistischer Alltagsarbeit nach sich zieht.

---

89 Vgl. zum Gesamtzusammenhang Beate Kohler-Koch, Die Gestaltungsmacht organisierter Interessen, in: Markus Jachtenfuchs/ Beate Kohler-Koch (Hrsg.), Europäische Integration (wie Anm. 8), S. 193-222.

90 Martin Sebaldt, Organisierter Pluralismus (wie Anm. 87), S. 75-178.

91 So konnte ich für das Jahr 1995 in den USA nicht weniger als 1623 landesweit aktive Vereinigungen nachweisen, die in globalisierungsrelevanten Politiksektoren (Wirtschaftliche Zusammenarbeit, Völkerverständigung, Entwicklungshilfe, Befreiungs- und Reformbewegungen, Friedenssicherung, Naturschutz, Umweltschutz) tätig waren. Vgl. Martin Sebaldt, Transformation der Verbändedemokratie. Die Modernisierung des Systems organisierter Interessen in den USA, Wiesbaden 2001, passim.

1. Interessenvertretung in der Europäischen Union: Konstanz und Wandel der Rahmenbedingungen

a) Die Architektur der EU seit dem Maastrichter Vertrag

Seit der *Vertrag von Maastricht* 1993 in Kraft trat, besitzt die Europäische Union zumindest auf den ersten Blick eine übersichtliche Architektur. Es hat sich eingebürgert, sie sowohl sprachlich als auch bildlich auf drei Säulen gegründet zu sehen, die durch ihre Inhalte und durch ihre Entscheidungsverfahren voneinander geschieden sind: Während sich in der ersten Säule die traditionellen europäischen Gemeinschaften (EGKS, EURATOM, EWG) und die ihnen zugeordneten Gemeinschaftspolitiken wiederfinden, sind den Säulen II und III die Felder der Gemeinsamen Außen- und Sicherheitspolitik (GASP) bzw. der Zusammenarbeit in der Innen- und Rechtspolitik zugeordnet.[92]

Aus der Sicht organisierter Interessen ist dabei zentral, dass sich die Entscheidungslogiken der Säulen - und damit der Modus der lobbyistischen Einflussnahme - kategorial unterscheiden: Während in Säule I der Modus der *Gemeinschaftspolitik* zur Anwendung kommt, der den europäischen Organen zentrale Mitwirkungsbefugnisse bei der Rechtsetzung verleiht (Kommission: Initiativmonopol; Parlament: unterschiedliche Mitwirkungsrechte; Rat: Beschlussrecht), sind die Säulen II und III *intergouvernementalen* Charakters: In ihnen kommen Beschlüsse nach wie vor nur auf der Basis multilateraler Verhandlungen der einzelnen Regierungen zustande;[93] die Gemeinschaftsorgane sind zwar auch hier eingebunden, besitzen aber nur beratende Funktion und können Einfluss bestenfalls durch inhaltliche Anregungen, nicht aber durch effektive Mitentscheidungsrechte zur Geltung bringen.

---

92 Vgl. Wolfgang Wessels, Das politische System der Europäischen Union, in: Wolfgang Ismayr (Hrsg.) unter Mitarbeit von Hermann Groß, Die politischen Systeme Westeuropas (wie Anm. 27), S. 713-745, hier: S. 715-717.
93 Marc Fritzler/ Günther Unser, Die Europäische Union (wie Anm. 15), S. 29-30.

Abbildung 5 : Die Vertragsarchitektur der EU seit Maastricht

Europäische Union		
Säule I:	**Säule II:**	**Säule III:**
Europäische Gemeinschaften	Gemeinsame Außen- und Sicherheitspolitik	Zusammenarbeit in der Innen- und Justizpolitik
<u>Entscheidungsmodus:</u>	<u>Entscheidungsmodus:</u>	<u>Entscheidungsmodus:</u>
Gemeinschaftspolitik	Regierungs- zusammenarbeit	Regierungs- zusammenarbeit

Je nach Säulenzugehörigkeit 'seines' Politikfeldes bedeutet dies für den einzelnen Lobbyisten also zunächst, die jeweilige Entscheidungslogik zu erkennen und bei der Schwerpunktsetzung seiner Arbeit zu berücksichtigen:
Grundsätzlich sind also für innen-, justiz-, außen- und sicherheitspolitisch
motivierte Interessengruppen nach wie vor die nationalen Regierungen die
entscheidenden Anlaufstellen, während bei den übrigen Politikfeldern - mit
noch zu illustrierenden Abstufungen[94] - die Gemeinschaftsorgane eine wesentlich größere Rolle spielen. Bei alldem ist jedoch eine Verschiebung von
Gegenstandsbereichen zwischen den Säulen zu antizipieren: So wurden durch
den *Vertrag von Amsterdam* weite Teile der III. Säule (Schengener Abkom-
men, Asylrecht) in die Säule I verlagert, was die Bedeutung der Brüsseler
Organe für die Innen- und Justizpolitik schlagartig vergrößerte.[95] Derlei Ver-
änderungen der Vertragsarchitektur, und insbesondere der weitere Ausbau der
Säule I zu Lasten der beiden anderen, sind auch in der Zukunft zu erwarten,
und die jeweiligen Interessenvertretungen müssen die damit einhergehende
Änderung der Entscheidungslogik durch eine Verstärkung ihrer europäischen
Präsenz rechtzeitig berücksichtigen.

---

94 Vgl. im folgenden Abschnitt III 1 b.
95 Gisela Müller-Brandeck-Bocquet, Der Amsterdamer Vertrag zur Reform der Euro-
    päischen Union. Ergebnisse, Fortschritte, Defizite, in: Aus Politik und Zeitge-
    schichte, 1997, B 47, S. 21-29, hier: S. 22-23.

b) Das Feld der Gemeinschaftspolitiken

Doch auch das Feld der Gemeinschaftspolitiken, die der Säule I zugeordnet sind, gestaltet sich keineswegs einheitlich, da der jeweilige *Vergemeinschaftungsgrad* eines Politikfeldes erheblich variieren kann.[96] Nur wenige Bereiche, wie die Agrar-, die Verkehrs oder die Wettbewerbspolitik, sind voll vergemeinschaftet in dem Sinne, dass der gesetzliche Rahmen grundsätzlich auf EU-Ebene geschaffen wird. Abbildung 6 erschließt diesen Sachverhalt für den Geltungsbereich des EG-Vertrags und die in ihm aufgelisteten Gemeinschaftspolitiken.

Insoweit ist etwa für Interessenvertreter der Landwirtschaft die Gefechtslage klar: Rechtsetzung erfolgt in ihrem Bereich im wesentlichen in Brüssel, und die Verlagerung des lobbyistischen Schwerpunkts dorthin ist die logische Konsequenz. Für den Großteil der übrigen Politikfelder besitzt die Gemeinschaft jedoch nur eine *ergänzende Zuständigkeit*, welche ihr seit dem *Maastrichter Vertrag* Kompetenzen gemäß dem *Subsidiaritätsprinzip* verschafft. Nach Art. 5 EG Vertrag wird die Gemeinschaft hier nur tätig, "sofern und soweit die Ziele der in Betracht gezogenen Maßnahmen auf Ebene der Mitgliedstaaten nicht ausreichend erreicht werden können und daher wegen ihres Umfangs oder ihrer Wirkungen besser auf Gemeinschaftsebene erreicht werden können. Die Maßnahmen der Gemeinschaft gehen nicht über das für die Erreichung der Ziele dieses Vertrages erforderliche Maß hinaus".[97]

Die in dieser Vertragspassage formulierte *Notwendigkeits-* und *Besser-Klausel*, die durch ein Protokoll zum *Amsterdamer Vertrag* noch einmal präzisiert und bekräftigt wurde,[98] schuf eine zumindest juristisch klare Rechtslage, die jedoch in der Praxis große Entscheidungsspielräume eröffnet.

---

96 Vgl. zum Gesamtzusammenhang Elke Thiel, Die Europäische Union (wie Anm. 55), S. 184-191.

97 Zit. nach Thomas Läufer (Hrsg.), Vertrag von Amsterdam. Texte des EU-Vertrages und des EG-Vertrages mit den deutschen Begleitgesetzen, Bonn 1999, S. 58.

98 Protokoll über die Anwendung der Grundsätze der Subsidiarität und der Verhältnismäßigkeit (21. Protokoll zum Vertrag zur Gründung der Europäischen Gemeinschaft).

Abbildung 6 : Das Feld der Gemeinschaftspolitiken gemäß EG-Vertrag

	Gemeinschaftspolitik
I.	Freier Warenverkehr (voll vergemeinschaftet)
II.	Landwirtschaft (voll vergemeinschaftet)
III.	Freizügigkeit, freier Dienstleistungs- und Kapitalverkehr (ergänz. Zuständigkeit)
IV.	Visa, Asyl, Einwanderung, freier Personenverkehr (ergänzende Zuständigkeit)
V.	Verkehr (voll vergemeinschaftet)
VI.	Wettbewerb (voll vergem.), Steuerfragen, Angleichung von Rechtsvorschriften (ergänzende Zuständigkeit)
VII.	Wirtschafts- (ergänzende Zuständigkeit) und Währungspolitik (voll vergem.)
VIII.	Beschäftigung (ergänzende Zuständigkeit)
IX.	Gemeinsame Handelspolitik (voll vergemeinschaftet)
X.	Zusammenarbeit im Zollwesen (voll vergemeinschaftet)
XI.	Sozialpolitik, allgemeine und berufliche Bildung und Jugend (erg. Zuständigkeit)
XII.	Kultur (ergänzende Zuständigkeit)
XIII.	Gesundheitswesen (ergänzende Zuständigkeit)
XIV.	Verbraucherschutz (ergänzende Zuständigkeit)
XV.	Transeuropäische Netze (ergänzende Zuständigkeit)
XVI.	Industrie (ergänzende Zuständigkeit)
XVII.	Wirtschaftlicher und sozialer Zusammenhalt (ergänzende Zuständigkeit)
XVIII.	Forschung und technologische Entwicklung (ergänzende Zuständigkeit)
XIX.	Umwelt (ergänzende Zuständigkeit)
XX.	Entwicklungszusammenarbeit (ergänzende Zuständigkeit)
XXI.	Wirtschaftliche, finanzielle und technische Zus.arbeit mit Drittländern (ergänzende Zuständigkeit)

Quellen: EG-Vertrag vom 7. Februar 1992 in der Fassung vom 2. Oktober 1997; Vertrag von Nizza zur Änderung des Vertrags über die Europäische Union, der Verträge zur Gründung der Europäischen Gemeinschaften sowie einiger damit zusammenhängender Rechtsakte vom 26. Februar 2001; die Nummerierung entspricht den jeweiligen Titelnummern des Vertrags.

Denn letztlich hängt es von den jeweiligen *inhaltlichen Maßstäben* ab, ob eine *Notwendigkeit* für eine europäische Regelung diagnostiziert wird und ob man sich von dieser auch einen *besseren* Wirkungsgrad als von einer vergleichbaren nationalen Regelung verspricht. Für bestimmte Felder, wie die Kultur-, die Gesundheits- oder die Verbraucherpolitik, sind die gemeinschaftlichen Gestaltungskompetenzen durch Beschränkung ihrer Maßnahmen auf

"Förderung" oder "Beitrag" *expressis verbis* noch einmal deutlich einge-
schränkt.[99]

Schließlich ist in Rechnung zu stellen, dass mit der Generalklausel des Art.
308 EG-Vertrag bestehende Tätigkeitsbeschränkungen der EU jederzeit um-
gangen werden können. Dort heißt es: "Erscheint ein Tätigwerden der Gemeinschaft erforderlich, um im Rahmen des Gemeinsamen Marktes eines
ihrer Ziele zu verwirklichen, und sind in diesem Vertrag die hierfür erforder-
lichen Befugnisse nicht vorgesehen, so erlässt der Rat einstimmig auf Vorschlag der Kommission und nach Anhörung des Europäischen Parlaments die
geeigneten Vorschriften"[100] - eine immer wieder genutzte Hintertür, die im
übrigen auch eine Umgehung parlamentarischer Vetos ermöglicht.[101]

Aus alldem ergibt sich für die Masse der europäischen Lobbyisten der un-
angenehme Sachverhalt, zwar grundsätzlich mit einer Regelungskompetenz
der Gemeinschaft konfrontiert zu sein, aber erst im konkreten Falle abschät-
zen zu können, ob die jeweilige Auslegung bzw. Respektierung des Subsidia-
ritätsgrundsatzes zu einem Tätigwerden der EU führt oder aber die einzelnen
nationalen Regierungen weiterhin eigenständig Recht setzen. Eine derart
ergebnisoffene Entscheidungssituation ist folglich die zentrale Ursache für die
Entwicklung *lobbyistischer Mehrebenensysteme*, denn sowohl auf europäi-
schem wie auf nationalem bzw. subnationalem Level müssen Interessenvertreter je nach Entwicklung der politischen Lage dazu befähigt sein, Einfluss
auszuüben und darüber hinaus die Arbeit zwischen den verschiedenen Ebenen
professionell zu konzertieren.[102]

---

99 Elke Thiel, Die Europäische Union (wie Anm. 55), S. 185.

100 Zit. nach: Vertrag über die Europäische Union mit sämtlichen Protokollen und
    Erklärungen. Vertrag zur Gründung der Europäischen Gemeinschaft (EG-Vertrag)
    in den Fassungen von Amsterdam und Nizza. Grundrechte-Charta der Europäischen
    Union, 5., aktual. und erw. Aufl., München 2001, S. 396.

101 Vgl. zur Gesamtproblematik Heinz Laufer/ Ursula Münch, Das föderative System
    der Bundesrepublik Deutschland, 7., neu bearb. Aufl., München 1997, S. 231-232.

102 Edgar Grande, Multi-Level Governance: Institutionelle Besonderheiten und Funkti-
    onsbedingungen des europäischen Mehrebenensystems, in: Edgar Grande/ Markus
    Jachtenfuchs (Hrsg.), Wie problemlösungsfähig ist die EU? Regieren im europäi-
    schen Mehrebenensystem, Baden-Baden 2000, S. 11-30, hier: S. 20-21.

c) Politik als Mehrebenenspiel: Die strukturelle Konsequenz

Aber nicht nur diese inhaltliche Dimension ist grundsätzlich in Rechnung zu stellen, sondern auch die sich durch die *Entfaltung* und *Ausdifferenzierung politischer Mehrebenensysteme* (Supranationale Organisationen - National-staaten - subnationale Entscheidungsebenen) *verändernden politischen Ent-scheidungsmuster.*[103] Einer effizienzmaximierenden Logik folgend müsste dies in der Weise geschehen, dass politische Kompetenzen ausschließlich und eindeutig einer einzigen Ebene (subnational - national - supranational) zuge-ordnet werden, um auch dem Außenstehenden die Zuständigkeitsverteilung und den jeweils adäquaten lobbyistischen Adressaten zu offenbaren. Nichts wäre jedoch falscher, als mit einer derartigen, an Geschäftsverteilungsplänen nationaler Behörden orientierten Attitüde an die Erschließung der Handlungs-logik politischer Mehrebenensysteme nach dem Muster der Europäischen Union heranzugehen: Wie bereits angesprochen,[104] sind derlei Zuständigkei-ten hier nämlich nur im Ausnahmefall klar zugewiesen. Für Interessengrup-pen, die in solchen Mehrebenensystemen operieren, hat dies generell zur Konsequenz, sich auf *strukturell bedingten Kompetenzwirrwarr* einstellen zu müssen und selbst zum lobbyistischen Mehrebenensystem zu mutieren, das simultan und dabei koordiniert auf den verschiedenen Entscheidungsebenen operiert und dabei situationsbezogen die Schwerpunkte setzt und verlagert.[105]

Dieses Desiderat wird noch deutlicher, wenn man sich die mit der Schaf-fung solcher Mehrebenensysteme einhergehenden *Entscheidungsprobleme* vor Augen hält: Generell verführt es politische Institutionen dazu, lästige oder sensible Materien auf andere Ebenen abzuschieben, um selbst nicht für eine Entscheidung verantwortlich gemacht werden zu können. Gerade bei den Tätigkeitsfeldern der EU mit *ergänzender Zuständigkeit* ist dies ein probates und gängiges Mittel. Dieses "cuckoo game"[106] gleicht dem klassischen Ver-

---

103 Ebd. S. 13-15.

104 Vgl. Abschnitt III 1 b.

105 Umfänglich dazu Justin Greenwood, Representing Interests in the European Union, New York 1997. Vgl. auch Georg Pfeifer, Eurolobbyismus. Organisierte Interessen in der Europäischen Union, Frankfurt a.M. u.a. 1995, S. 74-77.

106 A. F. P. Wassenberg, Neo-Corporatism and the Quest for Control: The Cuckoo Game, in: Gerhard Lehmbruch/ Philippe C. Schmitter (Hrsg.), Patterns of Corpora-tist Policy-Making, Beverly Hills 1982, S. 83-108.

waltungsgrundsatz "dafür bin ich nicht zuständig", doch nunmehr in *rebus politicis*.

Gleiches ist bei der Übernahme politischer Verantwortung für entstandene Fehlleistungen zu beobachten, was bereits Konsequenz des ersten Entscheidungsproblems ist: Denn wenn es keine eindeutige Kompetenzzuweisung gibt, ist auch die eindeutige Zuweisung der politischen Verantwortung strittig, und "blame avoidance"[107] die Regelstrategie. Schlagendes Beispiel hierfür ist die noch immer schwelende BSE-Kontroverse: Während die neue Verbraucherschutzministerin *Künast* in Deutschland immer wieder lauthals auf Versäumnisse der EU verwies, die schon längst eine Richtlinie zum endgültigen Verbot von Tiermehlbeimengungen in Viehfutter hätte verabschieden müssen, wehrte sich der zuständige Agrarkommissar *Fischler* mit dem Argument, eine derartige Initiative sei in den letzten Jahren in erster Linie am *deutschen* Widerstand gescheitert.[108]

Aus unklarer kompetenzmäßiger Gemengelage kann also ein "Paradox der Schwäche"[109] resultieren, welches gerade den um Kompetenzen rangelnden politischen Institutionen wieder Autonomie gegenüber lobbyistischen Adressaten verschafft: Mit dem Hinweis auf verfahrene Entscheidungssituationen, unklare Zuständigkeitsverteilungen, Rücksichtserfordernisse gegenüber einzelnen Mitgliedsstaaten oder anderen Gemeinschaftsorganen steht jederzeit ein Totschlagsargument zu Gebote, um eigene Untätigkeit rechtfertigen und die Chancenlosigkeit einer Initiative trotz besten eigenen Willens und Strebens belegen zu können. Im nächsten Abschnitt soll nun gezeigt werden, dass diese Rahmenbedingungen die Entwicklung des Systems organisierter Interessen und die konkrete Ausformung des lobbyistischen Gewerbes entscheidend beeinflusst haben.

---

107 Edgar Grande, Multi-Level Governance: Institutionelle Besonderheiten und Funktionsbedingungen des europäischen Mehrebenensystems (wie Anm. 102), S. 19.

108 Michael Bergius, Im Bremser-Häuschen möchte Fischler nicht sitzen. EU-Kommissar sieht reichlich Spielraum für die von Künast proklamierte Agrarwende, in: Frankfurter Rundschau, 15.01.02, S. 9.

109 Edgar Grande, Das Paradox der Schwäche: Forschungspolitik und die Einflußlogik europäischer Politikverflechtung, in: Markus Jachtenfuchs/ Beate Kohler-Koch (Hrsg.), Europäische Integration (wie Anm. 8), S. 373-399.

2. Das Kräftefeld der Interessen: Die Evolution der lobbyistischen Szenerie

a) Die traditionelle Szenerie: Dominanz verbandlicher Interessenvertretung

Über die Jahrzehnte hinweg hat sich parallel zur Entwicklung der Europäischen Union ein System *paneuropäischer* Verbände entfaltet, das nunmehr die jeweiligen nationalen Interessengruppenlandschaften zu überwölben begann und zugleich systematisch mit ihnen vernetzt wurde:[110] Bevölkerten Mitte der fünfziger Jahre noch weniger als 100 derartige Verbände die europäische Szenerie, so waren es vierzig Jahre später an der "Lobbyliste" der EU-Kommission des Jahres 1996 gemessen bereits 631![111] Die entsprechenden Daten finden sich in Abbildung 7 genauer aufbereitet.

Ihr ist zum einen zu entnehmen, dass der Zuwachs an Organisationen im Untersuchungszeitraum relativ stetig erfolgt: Von Jahrfünft zu Jahrfünft kommen im Schnitt jeweils 50 neue Organisationen hinzu. Nur in den Jahren von 1956 bis 1960 bzw. von 1986 bis 1990 verdoppelte sich die Zuwachsrate schlagartig, und auch zwischen 1991 und 1995 wuchs die Verbandslandschaft überproportional.

Die geschichtliche Entwicklung der EU macht diese Unterschiede erklärlich: Während die Schaffung der EWG im Jahre 1957 den ersten Gründungsboom auslöste, zeichnete die *Einheitliche Europäische Akte* (EEA) des Jahres 1986, mit welcher die Einrichtung des Binnenmarktes für 1992 beschlossen und die Fortentwicklung der EG zur Europäischen Union projektiert wurde, für die rasante Entwicklung seit Mitte der achtziger Jahre verantwortlich.[112] Der *Vertrag von Maastricht* von 1992 tat ein übriges, insoweit er in seiner

---

110 Vgl. als Überblick Rainer Eising, Interessenvermittlung in der Europäischen Union, in: Werner Reutter/ Peter Rütters (Hrsg.), Verbände und Verbandssysteme in Westeuropa, Opladen 2001, S. 453-476, hier: S. 456-465.

111 Europäische Kommission, Verzeichnis der Interessenverbände, Brüssel/ Luxemburg 1996. Dabei muss betont werden, dass diese Lobbyliste nicht sämtliche paneuropäischen Organisationen umfasst, zumal der Eintrag auf freiwilliger Basis erfolgte. Ein repräsentatives und dem Gesamtumfang nahe kommendes Spektrum erfasst sie gleichwohl.

112 Vgl. zu den entscheidenden historischen Stationen Elke Thiel, Die Europäische Union (wie Anm. 55), S. 11-45.

Tempelarchitektur nunmehr alle Politikfelder umfasste, was die EU wiederum für jegliche Form organisierten Interesses relevant werden ließ.[113]

Abbildung 7: Die Entwicklung des Spektrums paneuropäischer Verbände 1955 - 1995 im Spiegel der 'Lobbyliste' der EU-Kommission

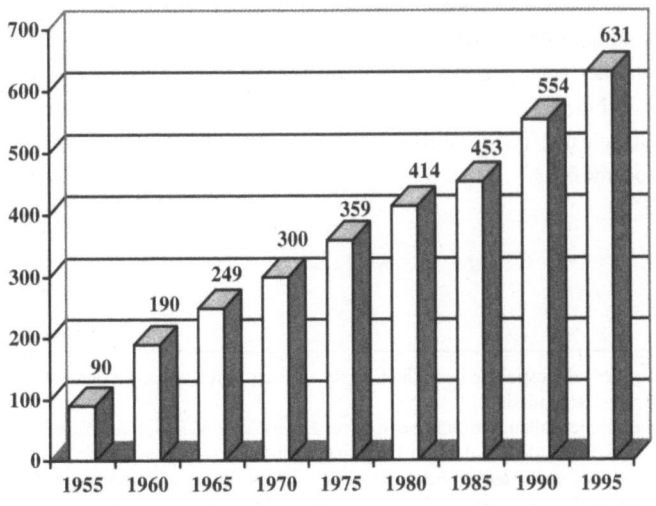

Quelle: Europäische Kommission: Verzeichnis der Interessenverbände, Brüssel/ Luxemburg 1996; eigene Auswertung.

Im Rahmen dieser Gesamtentwicklung verwundert es nicht, dass Verbände der Schwerindustrie,[114] des Bergbaus,[115] der Atom- und Energiewirtschaft[116]

---

113 Vgl. Abschnitt III 1 a.
114 Dazu gehören der schon 1947 gegründete *Verbindungsausschuss der Europäischen Metallverarbeitenden Industrien* (ORGALIME), die 1954 entstandene *Europäische Metall-Union* (EMU), der ein Jahr später aus der Taufe gehobene *Europäische Metallverband*, der 1971 gebildete *Europäische Metallgewerkschaftsbund* (EMF) als Arbeitnehmerdachverband sowie der im folgenden Jahr entstandene *Verbindungsausschuss der Stahlrohrindustrie der Europäischen Gemeinschaft* (verwendet wird jeweils die offizielle deutsche Übersetzung der Verbandsnamen

sowie der Lebensmittelindustrie[117] und der Agrarwirtschaft[118] unter den Pionierorganisationen gehäuft zu finden sind: Denn mit der Gründung der EGKS
1951 bzw. der EURATOM und der EWG 1957 wurden gerade diese Politikfelder bereits zu einem recht frühen Zeitpunkt voll vergemeinschaftet, was die
Kompetenzlage vergleichsweise eindeutig gestaltete.[119]

Die folgenden Jahrzehnte sahen dann das weitere Aufwachsen einer heterogenen europäischen Verbandsszenerie, die nun auch die übrigen Politikfelder
erfasste. Europäische Medizinerverbände entstanden nun ebenso wie Fachor-
ganisationen der Werbewirtschaft, supranationale europäische Umweltinitia-
tiven oder hochspezialisierte wirtschaftliche Branchenverbände. Im Folgenden soll dieses buntscheckige Verbandsspektrum noch etwas genauer aufge-
schlüsselt und insbesondere nach den konkreten Entwicklungsbedingungen
gesucht werden.

jeweils die offizielle deutsche Übersetzung der Verbandsnamen durch die Europäischen Kommission).

115 Hierunter fallen der 1950 gegründete *Europäische Verband der Natursteinindust-
rien* (EURO-ROC), der drei Jahre später entstandene *Studienausschuss des Westeu-
ropäischen Kohlenbergbaus*, der 1957 gebildete *Verband Europäischer Salzprodu-
zenten* (ESPA) oder die 1961 geschaffene *Arbeitsgemeinschaft der Europäischen
Gipsindustrie* (EUROGYPSUM).

116 Hierzu gehören das 1960 geschaffene *Europäische Atomforum*, der drei Jahre
später entstandene Atomindustrie-Verband CONCAWE, die 1968 gegründete *Union der Gaswirtschaften des Gemeinsamen Marktes* (MARCOGAZ) oder der im
gleichen Jahr entstandene *Europäische Flüssiggasverband*.

117 Zu den Pionierorganisationen gehören dabei der schon 1952 gegründete *Europäische Verband der Zuckerfabrikanten*, die ein Jahr später entstandene *Europäische
Vereinigung der Mineralbrunnen in der EWG*, der 1957 aus der Taufe gehobene
Verband der Speiseeishersteller der EWG, der 1958 gebildete *Europäische Verband der Erfrischungsgetränke-Industrie* (UNESDA-CISDA) oder der ein Jahr später entstandene *Internationale Verband der Suppenindustrie*.

118 Darunter fallen der 1958 gegründete einflussreiche *Ausschuss der Berufsständi-
schen Landwirtschaftlichen Organisationen der EU* (COPA), der ein Jahr später
entstandene *Übergewerkschaftliche Verband der Landwirtschaftlichen Trock-
nungswerke in Europa*, der ebenfalls 1959 gebildete *Allgemeine Ausschuss des
Ländlichen Genossenschaftswesens in der EU*, das 1960 aus der Taufe gehobene
Saatgut-Komitee des Gemeinsamen Marktes oder die 1969 gebildete *Union der
Gewerbsmäßigen Getreidesilobetreiber in der EWG*.

119 Thiel, Elke, Die Europäische Union (wie Anm. 55), S. 11-26.

Tabelle 4 untergliedert die erfassten Organisationen zunächst nach ihrer Zugehörigkeit zu bestimmten Systemsektoren.[120] Dabei fällt die Dominanz ökonomischer Vereinigungen (Unternehmer- und Arbeitgeberverbände, Berufsorganisationen, Gewerkschaften etc.) sofort ins Auge, die seit Mitte der fünfziger Jahre von einem ohnehin hohen Plafond ausgehend sogar noch an Gewicht zunahm, um sich im Jahre 1970 in einem Prozentanteil an der gesamten Verbändelandschaft von nicht weniger als 92,7% niederzuschlagen!

Erst in den folgenden Jahrzehnten beginnt der Anteil der übrigen Sektoren zu wachsen, die durchweg *Non-Profit-Interessenvertretungen* umfassen:[121] Kulturverbände können ihren Anteil ebenso ausweiten wie Umweltvereinigungen, welche die europäische Bühne erst seit Beginn der neunziger Jahre verstärkt betreten, allerdings auf nach wie vor geringem Absolutniveau. Auch die Zahl der Sozialverbände und der politischen Organisationen wächst über die Jahrzehnte hin merklich an. Dabei ist auffällig, dass sich ihr Anteil am gesamten Verbändesystem bis 1970 sogar noch verringert, um seither jedoch wieder deutlich anzuwachsen.

Auch hier spiegelt sich die Evolution der Europäischen Gemeinschaften wider: Während Brüssel bis 1970 im wesentlichen nur über wirtschaftspolitische Kompetenzen verfügte, die eine dortige Präsenz primär für Wirtschaftsverbände erforderlich machte, änderte sich dies in den Folgejahrzehnten.[122] Die schrittweise Ausweitung des Gestaltungsbereichs der EG begann mit ersten Vertragsrevisionen in den siebziger Jahren, schritt aber vor allen Dingen seit der Verabschiedung der *Einheitlichen Europäischen Akte* 1986 beschleunigt voran, um in die schon geschilderte Vertragsarchitektur von *Maastricht* zu münden.[123]

---

120 Vgl. zur Grundlegung der Systemsektoren-Systematik Martin Sebaldt, Organisierter Pluralismus (wie Anm. 87), S. 78-81.
121 Diese Entwicklung ist auch in nationalen Verbandssystemen nachweisbar. Vgl. für Deutschland ebd. S. 78-81 und für die USA Martin Sebaldt, Transformation der Verbändedemokratie (wie Anm. 91), S. 54-58.
122 Elke Thiel, Die Europäische Union (wie Anm. 55), S. 185-187.
123 Vgl. Abschnitt III 1 a.

**Tabelle 4: Repräsentierte Systemsektoren im System paneuropäischer
Verbände 1955 - 1995**

Systemsektor		Jahr								
		1955	1960	1965	1970	1975	1980	1985	1990	1995
Ökonomie	abs.	76	172	228	278	323	366	392	463	521
	%	84,4	90,5	91,6	92,7	90,0	88,4	86,5	83,6	82,6
Soziales	abs.	6	8	9	9	11	15	20	25	33
	%	6,7	4,2	3,6	3,0	3,1	3,6	4,4	4,5	5,2
Kultur	abs.	0	1	2	2	7	11	14	21	27
	%	0,0	0,5	0,8	0,7	1,9	2,7	3,1	3,8	4,3
Politik	abs.	6	7	8	9	14	15	19	27	29
	%	6,7	3,7	3,2	3,0	3,9	3,6	4,2	4,9	4,6
System-	abs.	1	1	1	1	3	5	5	15	18
umwelt	%	1,1	0,5	0,4	0,3	0,8	1,2	1,1	2,7	2,9
Freizeit	abs.	1	1	1	1	1	2	3	3	3
	%	1,1	0,5	0,4	0,3	0,3	0,5	0,7	0,5	0,5
Summe	abs.	90	190	249	300	359	414	453	554	631
	%	100,0	99,9	100,0	100,0	100,0	100,0	100,0	100,0	100,1

Quelle: Europäische Kommission: Verzeichnis der Interessenverbände, Brüssel/ Luxemburg 1996; eigene Auswertung.

Die nunmehrige, wenn auch durchweg nur *ergänzende* Zuständigkeit der
EU für eine Reihe weiterer Politikfelder (Sozialpolitik, Umweltpolitik,
Verbraucherschutz etc.) machte die verstärkte Vertretung dieser Non-Profit-
Interessen durch eigene europäische Dachorganisationen in Brüssel und
Straßburg nunmehr unumgänglich.

Präziser noch ist dieser Sachverhalt an Tabelle 5 ablesbar, in welcher das
Verbandsspektrum nach einzelnen Politikfeldern gruppiert ist. Auch hier fällt
die Dominanz wirtschaftlich geprägter Bereiche (Wirtschaft; Ernährung,
Landwirtschaft, Forsten; Verkehr) sofort ins Auge, und auch hier lässt sich
gut nachvollziehen, wie der Gesamtanteil dieser Politikfelder an der gesamten
Verbandslandschaft über die Jahrzehnte schrumpft.

Tabelle 5: Repräsentierte Politikfelder im System paneuropäischer Verbände 1955 - 1995

Politikfeld		Jahr								
		1955	1960	1965	1970	1975	1980	1985	1990	1995
Allgemein	abs.	2	3	5	6	9	11	12	17	18
	%	2,2	1,6	2,0	2,0	2,5	2,7	2,6	3,1	2,9
Auswärtige	abs.	1	3	3	4	8	8	9	12	14
Beziehungen	%	1,1	1,6	1,2	1,3	2,2	1,9	2,0	2,2	2,2
Bildung,	abs.	5	8	11	14	20	25	29	43	54
Kultur, Med.	%	5,6	4,2	4,4	4,7	5,6	6,0	6,4	7,8	8,6
Ernährung,	abs.	6	31	41	51	56	65	74	79	83
Landw., For.	%	6,7	16,3	16,5	17,0	15,6	15,7	16,3	14,3	13,2
Familie,	abs.	1	2	2	2	2	4	7	9	12
Frauen, Sen.	%	1,1	1,1	0,8	0,7	0,6	1,0	1,5	1,6	1,9
Finanzen	abs.	0	3	4	6	8	8	8	12	12
	%	0,0	1,6	1,6	2,0	2,2	1,9	1,8	2,2	1,9
Freizeit	abs.	1	1	1	1	1	1	2	2	3
	%	1,1	0,5	0,4	0,3	0,3	0,2	0,4	0,4	0,5
Gesundheit	abs.	2	5	6	10	13	15	17	21	27
	%	2,2	2,6	2,4	3,3	3,6	3,6	3,8	3,8	4,3
Inneres	abs.	4	4	4	5	6	7	8	12	15
	%	4,4	2,1	1,6	1,7	1,7	1,7	1,8	2,2	2,4
Justiz	abs.	1	1	1	2	2	3	4	5	5
	%	1,1	0,5	0,4	0,7	0,6	0,7	0,9	0,9	0,8
Philanthropie	abs.	1	1	3	3	3	5	5	5	5
	%	1,1	0,5	1,2	1,0	0,8	1,2	1,1	0,9	0,8
Raumordn.,	abs.	2	4	5	7	9	11	12	18	22
Bauwesen	%	2,2	2,1	2,0	2,3	2,5	2,7	2,6	3,2	3,5
Sozial-	abs.	3	3	4	4	6	7	10	11	12
ordnung	%	3,3	1,6	1,6	1,3	1,7	1,7	2,2	2,0	1,9
Umwelt	abs.	1	1	1	1	2	4	4	14	17
	%	1,1	0,5	0,4	0,3	0,6	1,0	0,9	2,5	2,7
Verkehr	abs.	6	9	13	13	17	21	21	26	33
	%	6,7	4,7	5,2	4,3	4,7	5,1	4,6	4,7	5,2
Verteidigung	abs.	0	0	0	0	0	0	1	1	1
	%	0,0	0,0	0,0	0,0	0,0	0,0	0,2	0,2	0,2
Wirtschaft	abs.	54	111	145	171	197	219	230	267	298
	%	60,0	58,4	58,2	57,0	54,9	52,9	50,8	48,2	47,2
Summe	abs.	90	190	249	300	359	414	453	554	631
	%	99,9	99,9	99,9	99,9	100,1	100,0	99,9	100,2	100,2

Quelle: Europäische Kommission: Verzeichnis der Interessenverbände, Brüssel/ Lu. 1996.

Demgegenüber wächst die Zahl von Umweltorganisationen von 1955 bis
1995 von einer einzigen auf nicht weniger als 17 an, was eine Ausweitung
ihres prozentualen Anteils von 1,1% auf 2,7% zur Folge hat.[124] Auch gesund-
heits-[125] und familienpolitische[126] Vereinigungen können ihren Anteil merklich vergrößern; gleichwohl bleibt die Dominanz wirtschaftspolitischer Organisationen auch im Jahre 1995 ungefährdet. Auffällig ist schließlich noch die
schwache Präsenz außen-, sicherheits-, innen- und justizpolitischer Verbände,
deren Zahl zwar leicht zunahm, aber immer noch gering ist. Da diese Politikfelder in wesentlichen Teilen nach wie vor nicht vergemeinschaftet sind,
sondern im klassischen intergouvernementalen Entscheidungsmodus bearbeitet werden, verwundert dies auch nicht: Entscheidende lobbyistische Adressaten sind hier immer noch die einzelnen nationalen Regierungen.

Doch auch die einzelnen Politikfelder sind sehr heterogen zusammengesetzt. Sie zerfallen wiederum in verschiedene Einzelsektoren, welchen spezifische Verbandspopulationen zugehörig sind, die sich sowohl hinsichtlich des
durchschnittlichen Alters als auch ihrer zahlenmäßigen Größe erheblich voneinander unterscheiden.[127] Tabelle 6 ist dabei zu entnehmen, dass der älteste
Verbandssektor einen Median der Gründungsjahre[128] von 1958 aufweisen
kann, während der jüngste auf einen Wert von 1991 kommt.

---

124 Hierzu zählen die schon 1977 entstandene *Europäische Gesellschaft für Umwelt
und Entwicklung* (ESED), die 1987 gegründete operative *Stiftung Europäisches Na-
turerbe*, das zwei Jahre später etablierte *Klima-Netzwerk Europa* (CNE), der 1991
gebildete *Europäische Verband zum Schutz der ländlichen Welt* (ERA) oder die erst
1995 formierten *Naturfreunde International* (IFN).
125 Als Beispiele seien genannt die 1983 gegründete *Europäische Vereinigung zur
Förderung von Handhygiene* (ETSA), die vier Jahre später entstandene *Europäische Föderation für Tiergesundheit*, die 1991 geschaffene *Europäische Union der
Privatkliniken*, das ein Jahr später aus der Taufe gehobene *Europäische Netzwerk
Herz* oder die 1993 etablierte *Europäische Allianz zur Förderung der öffentlichen
Gesundheit*.
126 Hierzu zählen u.a. der 1979 gebildete *Bund Europäischer Pfadfinder* (CES), der
1985 gegründete *Europäische Elternverband* (EPA), die 1990 geschaffene *Europäische Frauenlobby* (EWL), der ein Jahr später entstandene *Europäische Verband
der über 50-Jährigen - 50+* oder die ein Jahr später etablierte *Internationale Kin-
derschutzallianz - Europäische Union* (ISCA-EU).
127 Vgl. dazu die Klassifikationssystematik für alle Politikfelder und Politiksektoren im
Anhang dieser Studie.
128 Der Median ist ein Wert zur Messung der zentralen Tendenz in Datenverteilungen
ähnlich dem Mittelwert. Im Unterschied zu diesem besteht er aber aus demjenigen
konkreten Wert, der alle ihrer Größe nach aufgereihten Einzelwerte in zwei Hälften
teilt (Beispiel: Einzelwerte 100, 200, 300, 700, 900, 1100, 5000; Median: 700); er

Tabelle 6: Das mittlere Alter der Einzelspektren paneuropäischer Verbände im Jahre 1995

Politikfeld	Median der Gründungsjahre	Älteste und jüngste Politiksektoren	Median der Gründungsjahre
Philanthropie	1964	Rohstoffindustrie (PF Wirtschaft)	1958
Ernährung	1966	Baumittelindustrie (PF Wirtsch.)	1960
Wirtschaft	1966	Landwirtschaft (PF Ernährung)	1960
Alle Verbände	1972	Maschinenbau (PF Wirtschaft)	1960
Finanzen	1972	Verbrauchsgüterindustrie (PF W)	1960
Auswärtiges	1975	Reisewesen (PF Verkehr)	1961
Verkehr	1975	Lebensmittel (PF Ernährung)	1963
Allgemein	1976	Leichtindustrie (PF Wirtschaft)	1963
Justiz	1976	Verkehrsindustrie (PF Wirtschaft)	1963
Sozialordnung	1976	Dienstleistungen (PF Wirtschaft)	1983
Gesundheit	1979	Werbewirtschaft (PF Wirtschaft)	1983
Raumordnung	1982	Inneres allgemein (PF Inneres)	1986
Freizeit	1983	Umwelt allgemein (PF Umwelt)	1988
Bildung	1984	Entsorgungswirtschaft (PF Wirt.)	1989
Verteidigung	1984	Naturschutz (PF Umwelt)	1989
Familie	1985	Umweltschutz (PF Umwelt)	1989
Inneres	1985	Bildung allgemein (PF Bildung)	1989
Umwelt	1989	Gesundheit allgemein (PF Ges.)	1991

Quelle: Europäische Kommission: Verzeichnis der Interessenverbände, Brüssel/ Luxemburg 1996; eigene Auswertung.

Nicht von ungefähr wird die betagteste Verbandspopulation von der Rohstoffindustrie gestellt, wohinter sich insbesondere Vereinigungen des Bergbaus und der Baustoffaufbereitung verbergen, wofür die EG schon in den fünfziger Jahre z.T. volle Zuständigkeit erhielt. Gleiches gilt für die Landwirtschaft und die Lebensmittelwirtschaft, aber auch für die verschiedenen Branchen der metallverarbeitenden Industrie und die Verkehrspolitik.

---

besitzt gegenüber dem traditionellen Mittelwert den Vorzug, durch extreme Datenausreißer nicht verzerrt zu werden (Mittelwert beim vorliegenden Beispiel durch den Extremwert 5000 auf 1185 verzerrt) und damit die zentrale Tendenz (hier: Massierung der Werte im Bereich unter 1000) von Verteilungen besser wiederzugeben. Gerade im vorliegenden Falle ist dies unabdingbar, um das tatsächliche "durchschnittliche" Alter von Verbandssektoren präzise bestimmen zu können.

Spiegelbildlich dazu finden sich in den jüngsten Verbandssektoren die Interessenvertretungen der 'neuen' bzw. weniger gewichtigen EU-Politikfelder zusammen: Die verschiedenen umweltpolitischen Verbandsspektren fallen hier ebenso darunter wie bildungs- und gesundheitspolitische Vereinigungen, für deren Interessenfeld die Regelungskompetenz der Gemeinschaft noch einmal *expressis verbis* auf "Förderung" eingegrenzt wurde.

Auch innenpolitische Vereinigungen, aber auch Vertretungen moderner Dienstleistungsbranchen sind im Schnitt jungen Datums, was auch darauf verweist, dass nicht nur der Kompetenzzuwachs der EU als Erklärungsmuster heranzuziehen ist, sondern die Entwicklung der Gemengelage organisierter Interessen generell: Im Zuge der Entfaltung einer modernen Dienstleistungsgesellschaft mit sich ausweitendem Tertiären Sektor war ein Boom zugehöriger verbandlicher Interessenvertretungen absehbar.[129]

Und gleichermaßen ist für die Evolution europäischer Umweltorganisationen natürlich nicht nur der Kompetenzzuwachs der Gemeinschaft verantwortlich zu machen, sondern die 'Karriere' des Themas generell, die auch die Entwicklung nationaler umweltverbandlicher Spektren maßgeblich steuerte.[130] Gleichwohl sind auch auf dieser Ebene die Relationen zu beachten, denn hinter diesen einzelnen Politiksektoren stehen Verbandspopulationen ganz unterschiedlicher Stärke. Tabelle 7 zeigt, dass die zahlenmäßige Bandbreite sich hier von lediglich einer einzigen Organisation bis hin zu etlichen Dutzend erstrecken kann.

---

129 Vgl. Martin Sebaldt, Organisierte Dienstleistungsgesellschaft. Ökonomische Funktionssektoren und ihre sich wandelnde Bedeutung im Kräftefeld deutscher Interessengruppen, in: Kölner Zeitschrift für Soziologie und Sozialpsychologie 49 (1997), S. 123-146.

130 Vgl. dazu die international vergleichende Studie von Russell J. Dalton, The Green Rainbow. Environmental Groups in Western Europe, New Haven/ London 1994.

Tabelle 7: Größe der Populationen paneuropäischer Verbände in den einzelnen Politiksektoren im Jahre 1995

Zahl der Verbände	Verbandssektoren		
über 40	Lebensmittel (63)	Handel (54)	
31 - 40	Verbrauchsgüter- industrie (31)		
21 - 30	Leichtindustrie (25)	Maschinenbau (23)	Chemische Industrie (21)
11 - 20	Baumittelindustrie (20) Allgemein (18) Dienstleistungen (18) Bauwesen (17)	Elektroindustrie (17) Schulwesen (15) Wissenschaft (15) Medizin. Personal (14)	Textilindustrie (14) Verkehrsindustrie (12) Schwerindustrie (11)
6 - 10	Medien (10) Rohstoffindustrie (10) Transportwesen (10) Bankwesen (8) Energiewirtschaft (8)	Entwicklungshilfe (8) Gesundheit allg. (8) Inneres allgemein (8) Landwirtschaft (8) Werbewirtschaft (8)	Entsorgungswirtsch. (7) Luftfahrt (7) Freizeitindustrie (6) Wohlfahrt (6)
1- 5	Bildung allgemein (5) Naturschutz (5) Rechtsberufe (5) Reisewesen (5) Religionsgemein. (5) Schiffahrt (5) Umwelt allgemein (5) Umweltschutz (5) Unterhaltung (5) Verbraucher (5) Familie allgemein (4) Handwerk (4) Jugend (4) Raumordnung allg. (4) Verkehr allgemein (4) Versicherungswirt. (4) Administration (3)	Menschenrechte (3) Pflanzenzucht (3) Verpflegungswesen (3) Auswärtiges allg. (2) Börse (2) Eisenbahn (2) Ernährung allg. (2) Frauen (2) Freizeit allgemein (2) Jagd (2) Kommunikation (2) Krankenanstalten (2) Kultur (2) Pflegepersonal (2) Senioren (2) Tierschutz (2) Tierzucht (2)	Verfassungsordn. (2) Völkerverständig. (2) Wirtsch. Zus.arb. (2) Behinderte und Selbst- hilfe (1) Bürgerbeteiligung (1) Eigentumsordnung (1) Finanzen allgemein (1) Friedenssicherung (1) Patienten (1) Polizeiwesen (1) Sozialsicherung (1) Sport (1) Steuerwesen (1) Wohnungswesen (1)

Quelle: Europäische Kommission: Verzeichnis der Interessenverbände, Brüssel/ Luxemburg 1996; eigene Auswertung.

Während z.B. europäische Patienten-, Tierschutz-, Behinderten- oder Polizeiorganisationen quantitativ bisher nur ein Schattendasein führten,[131] konnte die Lebensmittelbranche im Jahre 1995 allein schon mit nicht weniger als 63 Organisationen aufwarten![132] Auch der Handel ist mit 54 Vereinigungen sehr stark präsent, bei der vollen Vergemeinschaftung der Handelspolitik auch nicht verwunderlich. Die Interessenvertretungen der Schwer- und Rohstoffindustrie sowie des metallverarbeitenden Gewerbes sind aus bereits genannten Gründen ebenfalls stark vertreten, auffälligerweise aber auch Wissenschaftsverbände und Standesvertretungen des medizinischen Personals,[133] welche die europäische Bühne im Schnitt jedoch wesentlich später betreten.

b) *Die moderne Szenerie: Pluralistische Vielfalt verbandlicher und kommerzieller Interessenvertretung*

Die *aktuelle Gesamtszenerie* europäischer Interessenvertretungen kann diese Analyse des Verbändespektrums jedoch nur fragmentarisch abbilden, denn zum einen hat sich die Zahl paneuropäischer Verbände auch nach 1995 weiter erhöht, und zudem begannen sich in den letzten beiden Jahrzehnten auch *nichtverbandliche* Formen des Lobbyings zu entfalten.[134] Die Brüsseler Szenerie entwickelte sich damit zu einem engmaschigen Geflecht unterschiedlichster Interessennetzwerke, das für Wissenschaftler wie Praktiker kaum noch überschaubar ist. Vergleichbar präzise Berechnungen liegen hierfür noch nicht vor, und insoweit muss man sich hier gegenwärtig mit groben Schätzungen behelfen.

---

131 Exemplarisch seien für diese Verbandsspektren genannt die 1991 geschaffene *Europäische Föderation der Asthma- und Allergievereine*, die 1980 gegründete und dem Tierschutz verpflichtete EUROGROUP, die zehn Jahre später entstandene *Europäische Koalition gegen Tierversuche*, der 1985 gebildete Behindertenverband *Handicap International* (III) oder der 1993 etablierte *Ständige Ausschuss der Polizei in Europa* (SCOPE).

132 Vgl. dazu die in Anm. 117 aufgeführten Beispiele.

133 Dazu zählen die schon 1958 gebildete *Europäische Vereinigung der Fachärzte*, die 1967 gegründete *Europäische Vereinigung der Allgemeinärzte*, die 1974 aus der Taufe gehobene *Europäische Union der Zahnärzte*, die sieben Jahre später entstandene *Europäische Gesellschaft von Katarakt- und Refraktionsärzten* (ESCRS) oder der 1990 geschaffene *Europäische Medizinerverband* (EMA).

134 Christian Lahusen/ Claudia Jauß, Lobbying als Beruf. Interessengruppen in der Europäischen Union, Baden-Baden 2001, S. 60-64.

Diesen zufolge (vgl. Tabelle 8) hat man derzeit nicht weniger als 1.500 paneuropäische Interessenorganisationen zu veranschlagen,[135] wobei die Europäische Kommission selbst diese Zahlen noch für weit untertrieben hält und 3.000 Vereinigungen mit rund 10.000 Lobbyisten schätzt,[136] hier allerdings unter Einrechnung der Repräsentanzen *nationaler* Verbände, die neben ihren europäischen Dachorganisationen häufig auch selbst in Brüssel bzw. Straßburg präsent sind. Die Mutmaßungen variieren also erheblich.

**Tabelle 8: Das Gesamtspektrum paneuropäischer Interessen-
organisationen: Quantifizierender Überblick (Schätzungen)**

Organisationstyp	Zahl
Gesamt	**ca. 1500**
davon: **Büros multinationaler Konzerne**	**ca. 200**
Public-Affairs-Agenturen **(Kommerzielle Lobbyisten:** **Consultants, Rechtsanwälte)**	**ca. 400**
Paneuropäische Verbände	**ca. 900**
davon: **1995 bei der Kommission registriert**	**631**

Quellen:
• Hans-Wolfgang Platzer: Interessenverbände und europäischer Lobbyismus, in: Weidenfeld, Werner (Hrsg.), Europa-Handbuch, Bonn, 1999, S. 410-423;
• Europäische Kommission: Verzeichnis der Interessenverbände, Luxemburg, 1996;
• Klaus Plaschka: Politische Interessenvertretung im neuen Stil: Public Affairs Lobbying bei der Europäischen Union, Diplomarbeit, Passau 1998.

Legt man einmal die Schätzung von 1.500 paneuropäischen Organisationen zugrunde, lässt sich unter Rückgriff auf verschiedene Quelle eine grobe Gesamtcharakterisierung der aktuellen lobbyistischen Szenerie vornehmen, die auch die *verschiedenen Typen* von Interessenvertretungen erschließt. Grund-

---

135 Diese Schätzung findet sich bei Hans-Wolfgang Platzer, Interessenverbände und europäischer Lobbyismus, in: Werner Weidenfeld (Hrsg.), Europa-Handbuch, Bonn 1999, S. 410-423, hier: S. 411.
136 Klaus Plaschka, Politische Interessenvertretung im neuen Stil: Public Affairs Lobbying bei der Europäischen Union, Diplomarbeit, Passau 1998, S. 38.

sätzlich ist davon auszugehen, dass über ein Drittel der Akteure *nichtverband-licher* Natur ist: Allein rund 200 Brüsseler Büros multinationaler Konzerne sind in Rechnung zu stellen, welche die Interessen ihrer Unternehmen direkt und oft auch in offener Konkurrenz zu den jeweiligen Branchenverbänden vertreten.[137] Hinzu kommen rund 400 Public-Affairs-Agenturen, die sowohl in der Form von Consultancies als auch von spezialisierten Rechtsanwalts-kanzleien anzutreffen sind.[138]

Gerade sie erlebten in den frühen neunziger Jahren eine wahre Gründungs-welle, unmittelbar durch die *Maastrichter* Verhandlungen angeregt. In diesem Akteurspektrum finden sich keineswegs nur Kleinunternehmen, sondern mit den *European Public Policy Advisers, Hill & Knowlton* oder *Pricewaterhou-seCoopers* wahre Giganten im kommerziellen Lobbyismus,[139] deren Aktivitä-ten sich nicht nur auf Europa beschränken, sondern globalen Charakters sind. *PricewaterhouseCoopers* als größter Akteur verfügt derzeit über nicht weni-ger als 140.000 Bedienstete in über 150 Ländern;[140] der größte Teil der Con-sultancies besteht allerdings nur aus einer Handvoll von Mitarbeitern.

Sie praktizieren Interessenvertretung auf vertraglich-kommerzieller Basis und werden häufig auch von kleineren nationalen Verbänden bzw. Unterneh-men in Anspruch genommen, welche sich eine eigene Brüsseler Repräsentanz aus finanziellen Gründen nicht leisten können bzw. dies nicht müssen, da sie nur punktuell und zeitlich beschränkt Einfluss auszuüben haben - etwa zur Gewinnung von Fördermitteln vonseiten der EU-Kommission.[141] Für Consultants wie Rechtsanwälte gilt aber auch, dass sie nur im Ausnahme-fall *ausschließlich* kommerziellen Lobbyismus betreiben, sondern meist ne-ben klassischen unternehmerberaterischen bzw. anwaltlichen Tätigkeiten, wobei dies Synergieeffekte und Überschneidungen zwischen den verschiede-nen Wirkungsfeldern nicht ausschließt.

---

137 Hans-Wolfgang Platzer, Interessenverbände und europäischer Lobbyismus (wie Anm. 135), S. 410.
138 Klaus Plaschka, Politische Interessenvertretung im neuen Stil (wie Anm. 136), S. 38-39.
139 Vgl. zu den Beispielen Christian Lahusen/ Claudia Jauß, Lobbying als Beruf (wie Anm. 134), S. 140-142.
140 Ebd. S. 141.
141 Klaus Plaschka, Politische Interessenvertretung im neuen Stil (wie Anm. 136), S. 98-100.

Die restlichen Organisationen sind Verbände unterschiedlichsten Zuschnitts, wobei die Schätzung von 900 Vereinigungen auch darauf verweist, dass das Spektrum paneuropäischer Verbände in der Lobbyliste der Kommission - ähnlich wie etwa in Deutschland - nicht vollständig erfasst ist. In zunehmendem Maße beginnt dabei diese Organisationslandschaft den jeweiligen nationalen Verbandsgefügen zu ähneln und deren grundsätzliche Strukturprobleme nun auch in Brüssel zu duplizieren: Hier finden sich sowohl europäische *Spitzenorganisationen* nach dem Muster der *Union der Industrie- und Arbeitgeberverbände Europas* (UNICE) oder des *Europäischen Gewerkschaftsbundes* (EGB) als auch hochspezialisierte Fachvereinigungen, wie die *Föderation der Europäischen Schneidwaren-, Besteck-, Tafelgeräte- und Küchengeschirrindustrie* (FEC). Erstere sind damit ein europäisches Äquivalent für den *Bundesverband der Deutschen Industrie* (BDI) und die *Bundesvereinigung der Deutschen Arbeitgeberverbände* (BdA) bzw. für den *Deutschen Gewerkschaftsbund* (DGB), zweitere die europäischen Dachorganisationen für die nationalen Fachverbände. Da viele europäische Verbände jedoch auch *Direktmitgliedschaften* nationaler Unternehmen bzw. Personen zulassen, sind sie keine 'reinrassigen' Dachverbände deutschen Musters, welche durchweg nur andere *Vereinigungen* als Mitglieder haben.

c)   "Multi voice"-Lobbying: Die prozessuale Konsequenz

Aus dieser lobbyistischen Organisationsvielfalt erwachsen unterschiedliche Optionen und Wege der Interessenvertretung, welche auch *simultan* genutzt werden - "multi voice"-Lobbying"[142] - und das System des Eurolobbyismus derart komplex werden lassen, dass es selbst für den professionellen Analytiker kaum mehr zu überblicken ist (vgl. Abbildung 8).

Zum einen ist es jeder nationalen Fachorganisation selbst möglich, Lobbying 'auf eigene Rechnung' zu betreiben, also die Interessen etwa der Briefumschlagfabrikanten separat über eine *eigene europäische Repräsentanz* bzw. ein eigenes Firmenbüro zur Geltung zu bringen oder dafür einen kommerziellen lobbyistischen 'Auftragstäter' zu verpflichten - die Amerikaner sprechen hier gerne von "guns for hire".[143] Zum anderen steht die Möglichkeit zu Gebote, hierfür den eigenen *nationalen Spitzenverband* zu nutzen, so man als

---

142 Christian Lahusen/ Claudia Jauß, Lobbying als Beruf (wie Anm. 134), S. 81.
143 Martin Sebaldt, Transformation der Verbändedemokratie (wie Anm. 91), S. 72.

bote, hierfür den eigenen *nationalen Spitzenverband* zu nutzen, so man als Fachverband zu seinen Mitgliedern zählt. Der BDI beispielsweise kann sich dann wiederum der UNICE als europäisches Sprachrohr bedienen - muss dies aber nicht, denn selbstverständlich ist auch er mit einer eigenen Vertretung in Brüssel präsent.[144]

**Abbildung 8:   "Multi voice"-Lobbying: Optionen der Interessen-
vertretung bei der Europäischen Union**

Typ der Interessenvertretung	Beispiel
Europäischer Spitzenverband	Union der Industrie- und Arbeitgeberverbände Europas (UNICE)
Europäischer Fach- bzw. Mitgliederverband	Föderation der Europäischen Schneidwaren-, Besteck-, Tafelgeräte- und Küchengeschirrindustrie (FEC)
Europäische Repräsentanz nationaler Spitzenverbände	Vertretung des Bundesverbandes der Deutschen Industrie (BDI) bei der EU
Europäische Repräsentanz nationaler Fach- bzw. Mitgliederverbände	Geschäftsstelle Brüssel des Bundesverbandes der Deutschen Spirituosenindustrie und -Importeure e.V.
Firmenbüros	DaimlerChrysler
Public Affairs-Agenturen (kommerzielle Lobbyisten)	PricewaterhouseCoopers

Zwar legen die Gemeinschaftsorgane Wert darauf, formell nur mit *europäischen* Verbänden zu kommunizieren; jedoch ist es ein offenes Geheimnis, dass sich eine nationale Organisation im Bedarfsfall mit dem 'Hut' ihres europäischen Verbandes 'ausstattet', um diese formale Hürde zu überwinden.[145]

---

144 Diese wurde bereits im Jahre 1958 eröffnet und liegt zentral in der Rue du Commerce 31. Etliche BDI-Mitgliedsverbände, wie der *Hauptverband der Deutschen Bauindustrie*, der *Verband der Chemischen Industrie* (VCI) oder der *Verband der Automobilindustrie*, residieren im gleichen Gebäude, und auch die Geschäftsstelle der BdA ist dort eingerichtet (vgl. die Website der BDI-Vertretung unter http://www.bdi-online.de/international/region8.html). Diese Konzentration erleichtert die Konzertierung lobbyistischer Aktivitäten natürlich ungemein.

145 So äußerte ein Funktionär eines deutschen Verbraucherverbandes mir gegenüber ganz unverblümt: "Also bei der Kommission ist es ja so: Wir haben ja als [nationaler Verband] nicht Zutritt zur Kommission. Die Kommission sagt ganz knallhart: 'Wir reden nur mit europäischen Organisationen.' Dann setzen wir uns halt den Hut

Zudem ist in Rechnung zu stellen, dass die heterogenen europäischen Dach-verbände, die im übrigen oft nicht nur die nationalen Vereinigungen der fünfzehn Mitgliedstaaten umfassen, sondern auch EU-externe Verbände aus dem restlichen Europa, vielfach nur schwache Spitzenorganisationen mit geringem Wirkungs- und Bündelungsgrad darstellen.[146] Dies hat ebenso die systematische Ausweitung des Lobbyings nationaler Verbände bei der EU zur Folge gehabt - oft auch in Konkurrenz zur eigenen europäischen Dachorgani-sation

Gleiches gilt für die nationalen *Fach-* bzw. einfachen *Mitgliedsverbände*. So sind etwa die Organisationen der deutschen Ernährungsindustrie schon längst mit eigenen Büros in Brüssel präsent und können dasselbe lobbyisti-sche Muster nun auch auf fachspezifischer Ebene praktizieren.[147] Und natür-lich sind diese Praktiken nicht nur auf das Spektrum ökonomischer Verbände beschränkt, sondern werden von Sozial-, Kultur-, Umwelt- und politischen Vereinigungen gleichermaßen angewendet.

Differenzierend wirken dabei allerdings die doch recht unterschiedlichen nationalen Gefüge der einzelnen Verbandsspektren: Nur wo eine *korporatisti-sche Formierung* verbandlicher Spektren in halbwegs repräsentativen Dach-verbänden stattfindet (Beispiel BDI), kann sich für eine nachgeordnete Fach-organisation überhaupt die Wahl zwischen dem eigenen Aktivwerden bzw. der Instrumentalisierung einer nationalen Spitzenorganisation stellen.[148] In ausgeprägt *pluralistischen* Verbandslandschaften, wie z.B. bei der Vielzahl an Umweltvereinigungen ohne integrierenden Dachverband, fehlt diese Alterna-

---

vom europäischen Verband auf und sagen: 'So, und jetzt machen wir das!' Natürlich nur in Abstimmung mit denen. Und wenn die es besser können, dann machen die das natürlich. Aber das machen andere Verbände auch." Die Passage stammt aus einem der Interviews, die ich im Jahre 1994 mit deutschen Verbandsfunktionären zu ihrer politischen Arbeit führte. Vgl. zur Methodik dieser Interviews Martin Se-baldt, Organisierter Pluralismus (wie Anm. 87), S. 400-404.

146 Vgl. die Beispiele bei Rainer Eising, Interessenvermittlung in der Europäischen Union (wie Anm. 110), S. 459-472.

147 So etwa unterhält der *Bundesverband der Deutschen Spirituosen-Industrie und -Importeure e.V.* seit 1998 ein eigenes Büro in der Rue de la Loi 81a.

148 Vgl. zum dachverbandlichen Organisationsgefüge deutscher Wirtschaftsverbände Ulrich von Alemann unter Mitarbeit von Reiner Fonteyn und Hans-Jürgen Lange, Organisierte Interessen in der Bundesrepublik, 2., durchges. Aufl., Opladen 1989, S. 74-90.

tive.[149] Schließlich führen auch die unterschiedlichen Mitgliedertypen zu Modifikationen, insoweit natürlich nur Mitglieds*unternehmen* in *Wirtschaftsverbänden* auf die Option einer parallel zum Verband eingerichteten eigenen Firmenrepräsentanz setzen können, während Einzelpersonen dies aus finanziellen Gründen durchweg unmöglich ist. Fraglos ist dies ein systematischer Wettbewerbsvorteil ökonomischer Interessenvertretung bei der EU.

3. Die Methodik organisierter Interessenvertretung: Konstanz und Wandel der lobbyistischen Praxis

a) Ansätze zur Regulierung der Interessenvermittlung

Die Regulierung der Interessenvermittlung ist im System der EU bisher über Ansätze nicht hinaus gelangt.[150] Entscheidend dafür war, dass sich die Gemeinschaftsorgane selbst über Erfordernis und Praktikabilität solcher Regeln nicht einig waren und auch grundsätzlich in Frage stand, welchen Nutzen eine derartige Kanalisierung lobbyistischer Aktivitäten bringen sollte.

Die Kommission hat es bis heute abgelehnt, einheitliche Verfahrensregeln für den Umgang mit Interessenorganisationen zu definieren. Zwar eröffnet sie mit der Vielzahl ihrer Ausschüsse[151] auch formalisierte und zugleich privilegierte Wege zur Interessenvertretung, insoweit die in ihnen sitzenden Lobbyisten gegenüber 'Outsidern' unbestreitbar Wettbewerbsvorteile genießen. Darüber hinaus aber überlässt sie es dem freien Wettbewerb, in welcher Form sich Interessenten ihre Kontakte zu den Generaldirektionen aufbauen. Dem deutschen Beispiel entsprechende Bestimmungen zur Anhörung betroffener Interessengruppen[152] existieren also nicht. Sinngemäß ist dies auch der Ver-

---

149 Vgl. zum heterogenen umweltverbandlichen Spektrum Deutschlands Martin Sebaldt, Organisierter Pluralismus (wie Anm. 87), S. 129-132.

150 Vgl. dazu den Überblick bei Rainer Eising, Interessenvermittlung in der Europäischen Union (wie Anm. 110), S. 455-456.

151 Vgl. dazu Hans-Wolfgang Platzer, Interessenverbände und europäischer Lobbyismus (wie Anm. 135), S. 418-419.

152 Die entsprechenden Bestimmungen sind in § 47 Abs. (1) bis (3) der neugefassten Gemeinsamen Geschäftsordnung der Bundesministerien (GGO) vom 26.07.2000 niedergelegt: „Der Entwurf einer Gesetzesvorlage ist Ländern, kommunalen Spitzenverbänden und den Vertretungen der Länder beim Bund möglichst frühzeitig zuzuleiten, wenn ihre Belange berührt sind... Für eine rechtzeitige Beteiligung von Zentral- und Gesamtverbänden sowie von Fachkreisen, die auf Bundesebene beste-

lautbarung der Kommission über einen "offenen und strukturierten Dialog" mit Interessengruppen von 1993 zu entnehmen, der in dieser Hinsicht bewusst unscharf formuliert ist: "Die Kommission ist gegenüber Anregungen von außen stets aufgeschlossen gewesen. Diese Haltung ist für sie ganz wesentlich bei der Ausarbeitung ihrer Politiken. Der Dialog hat sich für alle Beteiligten als wertvoll erwiesen. Die Beamten der Kommission anerkennen seine Notwendigkeit und begrüßen ihn."[153]

Um diesem Zwecke zu dienen, gibt sie in unregelmäßigen Abständen ein eigenes Verzeichnis europäischer Interessenverbände heraus, das einen guten Überblick über die Szenerie lobbyistischer Non-Profit-Organisationen verschafft, aber keineswegs vollständig ist: Der Eintrag erfolgt auf freiwilliger Basis, und kommerzielle Interessenvertreter sind überhaupt nicht erfasst.[154] Letztere haben immerhin auf Anregung der Kommission verschiedene Verhaltenskodizes verabschiedet, die ihre Aktivitäten regulieren sollen: Sowohl die *Society of European Affairs Practicioners* als auch die *Public Affairs Practicioners*, welche die heterogene Szenerie der Public Affairs-Lobbyisten verbandlich organisieren, haben ihre Mitglieder mit entsprechenden Statuten zur Vermeidung ungesetzlicher Praktiken angehalten.[155]

Das Europäische Parlament war demgegenüber schon zeitig um eine präzisere Regulierung der lobbyistischen Aktivitäten bemüht. Seit Ende der achtziger Jahre entspann sich eine entsprechende Diskussion unter den Abgeordneten, und im Jahre 1996 rang man sich nach langjähriger kontroverser Debatte schließlich dazu durch, ein eigenes offizielles Interessengruppenregister zu schaffen, wie es die Beschlussvorlage des zuständigen Berichterstatters *Glyn*

---

hen, gelten die Absätze 1 und 2 entsprechend." Einschränkend heißt es jedoch in Absatz 3: „Zeitpunkt, Umfang und Auswahl bleiben, soweit keine Sondervorschriften bestehen, dem Ermessen des federführenden Bundesministeriums überlassen." Vgl. dazu die Internetausgabe der GGO unter http://www.staatmodern.de/projekte/beschreib/Daten/ ggo.pdf.

153 Kommission der Europäischen Gemeinschaften, Ein offener und strukturierter Dialog zwischen der Kommission und den Interessengruppen, in: Amtsblatt der EG, 05.03.93., Nr. C 63, S. 2-7, hier: S. 2.

154 Vgl. auch Abschnitt III 2 a und Anm. 111.

155 Rainer Eising, Interessenvermittlung in der Europäischen Union (wie Anm. 110), S. 456.

Ford angeregt hatte.[156] Hier tragen sich seitdem alle Organisationen ein, die regelmäßig Zugang zum Parlament suchen, und sie erhalten sodann einen speziellen Ausweis, der für ein Jahr gültig ist und ihnen damit das lästige Anstehen um die nur tageweise gültigen normalen Besucherausweise erspart. Besondere Rechte sind mit dieser 'Akkreditierung' allerdings nicht verbunden, weder bezüglich des Zugangs zu den Parlamentariern selbst als auch hinsichtlich des Status gegenüber nicht registrierten Vereinigungen. Allerdings wurde es den Parlamentariern im gleichen Jahr durch die Billigung des *Nordmann-*Berichts zur Auflage gemacht, Zuwendungen vonseiten Dritter und Angaben über kommerzielle Nebentätigkeiten zu deklarieren, um gegebenenfalls die 'Indienstnahme' eines Abgeordneten durch eine Interessengruppe offen legen zu können.[157]

b) Interessenvertretung im europäischen Mehrebenensystem:
    Allgemeine Charakteristika

Trotz fehlender effektiver Regulierungsmaßnahmen folgt organisierte Interessenvertretung bei der EU bestimmten Mustern, die durch die Kompetenzverteilung der Gemeinschaftsorgane vorbestimmt sind. Im vergemeinschafteten Bereich der Säule I ist jedes von ihnen mit gewichtigen Mitgestaltungsrechten ausgestattet, die zunächst eine breite Streuung der lobbyistischen Aktivitäten unabdingbar machen: Die Kommission besitzt das vertraglich verbriefte exklusive Initiativrecht für die europäische 'Gesetzgebung', indem nur sie allein zur Vorlage von Verordnungs- und Richtlinienentwürfen befugt ist;[158] das Parlament verfügt je nach Gemeinschaftspolitik über mehr oder minder große Beteiligungsrechte, welche gerade im letzten Jahrzehnt erheblich an Gewicht gewonnen haben;[159] der Rat besitzt das exklusive Beschlussrecht,

---

156 Vgl. dazu im einzelnen Thomas Schaber, Transparenz und Lobbying bei der Europäischen Union. Geschichte und Folgen der Neuregelung von 1996, in: Zeitschrift für Parlamentsfragen 28 (1997), S. 266-278.
157 Rainer Eising, Interessenvermittlung in der Europäischen Union (wie Anm. 110), S. 456.
158 René P. Buholzer, Legislatives Lobbying in der Europäischen Union. Ein Konzept für Interessengruppen, Bern/ Stuttgart/ Berlin 1998, S. 140.
159 Vgl. im einzelnen Abschnitt II 2 b.

indem nur durch sein zustimmendes Votum ein Rechtsetzungsverfahren zu einem erfolgreichen Abschluss gebracht werden kann.[160]

Und doch variiert die faktische Bedeutung der einzelnen Organe in diesem komplexen Entscheidungsgang, und auch organintern existieren bestimmte Geschäftsverteilungsmuster, was beides zur Vorprägung eines idealtypischen europäischen Lobbyparcours geführt hat: Im Regelfall ist die mit dem Initiativrecht ausgestattete Kommission auch erster und wichtigster Anlaufpunkt der Interessenvertreter, da in ihrer Verwaltung die jeweiligen Referentenentwürfe entstehen, welche die Grundlage der späteren Kommissionsvorlagen bilden.[161]

Abbildung 9: Strukturmuster und Entscheidungsebenen der EU

Kommission (Initiativrecht)	Parlament (Beteiligungsrechte)	Rat (Beschlussrecht)
Kommissar		Minister
Kabinett		Ständ. Vertreter
Generaldirektion	Ausschuss	Generaldirektion
Direktion	(Unterausschuss)[162]	Direktion
Abteilung		Abteilung
Referent	Berichterstatter	Referent

Darin durchaus mit nationalen Ministerialbürokratien vergleichbar, werden in den Abteilungen der einzelnen Generaldirektionen von den jeweils federführenden Beamten die Vorlagen erstellt, und wie im nationalen Rahmen ist dieses Arbeitsstadium auch hier für den Lobbyisten das weitaus wichtigste:

---

160 René P. Buholzer, Legislatives Lobbying in der Europäischen Union (wie Anm. 158), S. 137.

161 Sonia Mazey/ Jeremy J. Richardson, The Commission and the Lobby, in: D. Edwards/ D. Spence (Hrsg.), The European Commission, Harlow 1994, S. 169-201.

162 Unterausschüsse werden im EP nur von Fall zu Fall eingerichtet. Vgl. dazu Richard Corbett/ Francis Jacobs/ Michael Shackleton, The European Parliament (wie Anm. 41), S. 124.

Hier sind Inhalte und Personen noch am leichtesten zu beeinflussen, da Konzepte und individuelle Meinungen erst noch reifen müssen.[163]

Das impliziert ein profundes Wissen über die Geschäftsverteilungspläne der Kommission und die jeweils zu beachtenden Zuständigkeiten: Jeweils nur wenige Referenten einer bestimmten Generaldirektion sind für eine Materie zuständig, und sie gilt es projektbezogen zu finden. Die Mitarbeit in Ausschüssen, die von der Kommission in großer Zahl zur formellen Einbindung von Interessenvertretern in den Entscheidungsprozess gebildet wurden,[164] kann hier flankierend wirken, aber nicht den unmittelbaren Arbeitskontakt zum Referenten ersetzen. *Cum grano salis* gilt dies auch für den Leiter der betreffenden Abteilung, den Leiter der Direktion und für den Generaldirektor der gesamten GD.

Zudem kann es gerade bei politisch gewichtigeren Projekten von Bedeutung sein, den jeweils zuständigen Kommissar bzw. das inhaltlich federführende Mitglied seines Kabinetts zu kontaktieren, da hier eine Vorentscheidung über das Schicksal von Anregungen aus der betroffenen Generaldirektion fällt: Hier wird darüber befunden, ob eine Initiative zur Beschlussvorlage für das Kollegium der Kommissare ausgearbeitet wird oder nicht.[165]

Auch das Europäische Parlament ist durch hochgradig arbeitsteilige Strukturen gekennzeichnet, und auch hier ist die frühzeitige Kontaktierung der jeweils zuständigen Ausschussberichterstatter bzw. der Fraktionsexperten der Schlüssel zum Erfolg.[166] Schließlich darf auch der bürokratische Unterbau des Rates nicht vergessen werden, bereitet er doch die Beschlussvorlagen für die jeweiligen Fachministerrunden vor, und auch hier erfolgt dies arbeitsteilig: Unter Federführung des Ausschusses der Ständigen Vertreter (COREPER) der Mitgliedstaaten, die aufgrund ihrer permanenten Präsenz in Brüssel ebenfalls relevante Anlaufpunkte für Lobbyisten sind, werden die von der Kommission entworfenen und vom Parlament gegebenenfalls abgeänderten Vorlagen in den dortigen Generaldirektionen für die abschließende Beschlussfassung

---

163 Georg Pfeifer, Eurolobbyismus. Organisierte Interessen in der Europäischen Union (wie Anm. 105), S. 78-83.
164 Ebd. S. 79-80.
165 Vgl. Christophe Forax, Tips zum Lobbying bei EU-Institutionen, in: Verbändereport 3 (1999), Heft 4, S. 34-38, hier: S. 37.
166 Christian Lahusen/ Claudia Jauß, Lobbying als Beruf (wie Anm. 134), S. 46.

vorbereitet.[167] In dieser späten Phase sind inhaltliche Änderungen jedoch kaum mehr durchsetzbar; eher schon kann hier ein Versuch lohnen, die Absegnung fertiger Vorlagen zu verhindern oder zumindest zu verzögern.

Der als Repräsentationsgremium organisierter Interessen geschaffene Wirtschafts- und Sozialausschuss ist indessen nur von sekundärer Bedeutung, was am Fehlen effektiver Kompetenzen ebenso liegt wie an seiner problematischen Zusammensetzung: Von den 229 Mitgliedern entfallen 24 auf Deutschland, welche je etwa zu einem Drittel von Unternehmern, Arbeitnehmervertretern und Repräsentanten sonstiger Interessen gestellt werden.[168] Bei rund 5000 deutschen Verbänden derzeit[169] ist Repräsentativität so natürlich nicht herstellbar.

Ist eine Verordnung oder eine Richtlinie einmal beschlossen, ist die Arbeit eines Interessenvertreters jedoch längst noch nicht abgeschlossen, denn die Einflussnahme auf die administrativen Durchführungsbestimmungen der Kommission eröffnet immer noch die Chance inhaltlicher oder prozessualer Modifikationen: Die mit der Kommission zusammenarbeitenden Durchführungsausschüsse (Komitologie), besetzt mit europäischen und nationalen Fachbeamten und –vertretern,[170] haben hierüber zu befinden, und einmal mehr machen sich für den Interessenvertreter hier gute Kontakte zur Fachbeamtenschaft bezahlt. Da in diesem Stadium auch die nationalen Referenten ins Spiel kommen, ist dabei die lobbyistische Konzertierung der verschiedenen politischen Entscheidungsebenen von besonderer Bedeutung.

Diese Gesamtcharakterisierung des lobbyistischen Parcours bei der EU findet ihre Bestätigung auch in Umfragen unter den Verbandsfunktionären selbst. Tabelle 9 ist zu entnehmen, dass die Einflussnahme auf die Arbeitsebenen der Kommission (Generaldirektionen, Ausschüsse) auch in ihrer Selbstsicht unbedingte Priorität besitzt: Bei einer Antwortskala von ‚sehr wichtig‘ (1) bis ‚unwichtig‘ (5) ergaben sich Mittelwerte von 2,1 bzw. 2,5

---

167 René P. Buholzer, Legislatives Lobbying in der Europäischen Union (wie Anm. 158), S. 178-180. Streng genommen ist es ein Ausschuss, der sich aus zwei Teilen (COREPER I und II) zusammensetzt.

168 Christian Lahusen/ Claudia Jauß, Lobbying als Beruf (wie Anm. 134), S. 47.

169 Exakte Quantifizierungen fehlen bis heute. Vgl. zu den unterschiedlichen Schätzungsmethoden Martin Sebaldt, Organisierter Pluralismus (wie Anm. 87), S. 22-26.

170 Zum System der Komitologie jetzt umfänglich Annette E. Töller, Komitologie. Theoretische und politische Funktionsweise von Durchführungsausschüssen der Europäischen Union am Beispiel der Umweltpolitik, Opladen 2002.

- und dies bei einer Befragung *nationaler* Interessenvertreter, welche das EU-Lobbying ja nur neben ihren Aktivitäten auf mitgliedstaatlicher Ebene betreiben![171]

Für *europäische* Dachverbände ist die durchschnittliche Bedeutung daher noch höher anzusetzen. Das Europäische Parlament rangiert im Urteil der Funktionäre gleich dahinter, überraschenderweise auf demselben Niveau wie der Wirtschafts- und Sozialausschuss (Mittelwert: 2,7), was dessen faktische Bedeutung allerdings überbewertet. Die Ratsbürokratie sowie der Europäische Gerichtshof spielen dagegen auch in den Umfragedaten nur eine sekundäre Rolle, ebenso die Kabinette der Kommission, die nur punktuell und nur bei politisch bedeutsamen Projekten direkt 'bearbeitet' werden müssen.

Tabelle 9: EU-Kontaktpartner deutscher Interessengruppen und ihre Bedeutung im Urteil der Verbandsfunktionäre

Kontaktpartner	Zahl der Nennungen	Durchschnittliche Bedeutung
Generaldirektionen der Kommission	404	2,1
Ausschüsse der Kommission	398	2,5
Europäisches Parlament	396	2,7
Wirtschafts- und Sozialausschuss	367	2,7
Kabinette der Kommission	324	3,0
Ausschuss der ständigen Vertreter des Rats	283	3,5
Europäischer Gerichtshof	270	3,6
Generalsekretariat des Rats	282	3,7

Skala: 1 = sehr wichtig ... 5 = unwichtig
Quelle: Eigene Umfrage unter den in der Lobbyliste des Deutschen Bundestages registrierten Interessengruppen im Jahre 1994. Vgl. zur Erhebungsmethodik Sebaldt, Martin: Organisierter Pluralismus. Kräftefeld, Selbstverständnis und politische Arbeit deutscher Interessengruppen, Opladen 1997, S. 394-399.

---

171 Die schriftliche Befragung wurde im Jahre 1994 unter den in der Lobbyliste des Deutschen Bundestages registrierten Verbänden durchgeführt. Vgl. zur Erhebungsmethodik Martin Sebaldt, Organisierter Pluralismus (wie Anm. 87), S. 394-399.

Dieser komplexe und mehrere EU-Organe zu intensiver Kooperation 'verurteilende' Entscheidungsprozess hat in der Praxis zur Entwicklung *organübergreifender Netzwerke* der jeweils zuständigen Fachvertreter geführt, in welche die betroffenen Interessenvertreter integriert sein müssen, um einen angemessenen lobbyistischen Wirkungsgrad zu erzielen: Regelmäßig erfolgt ein intensiver Gedankenaustausch zwischen den federführenden Kommissionsbeamten, zuständigen parlamentarischen Berichterstattern und mit der Materie befassten Ratsbeamten und Referenten der nationalen Ministerien.[172] Eine dauerhafte Einbindung in diese Willensbildungs- und Entscheidungsgefüge ist für die Lobbyisten daher der Schlüssel zum Erfolg.

c) Politikfeldspezifische Unterschiede

Gleichwohl existieren gewichtige politikfeldspezifische Unterschiede, welche diese grundsätzliche Entscheidungslogik innerhalb der Säule I in erheblichem Maße verändern können. Von zentraler Bedeutung sind in diesem Zusammenhang die schon beschriebenen unterschiedlichen parlamentarischen Mitwirkungsrechte, die selbst für lobbyistische Profis schwer zu durchschauen sind.[173]

Die daraus resultierenden politisch-prozessualen Konsequenzen sind klar: Je nach Politikfeld ist die parlamentarische Bühne für europäische Interessenvertreter von mehr oder minder großer Relevanz: Spielt das EP im voll vergemeinschafteten Agrarsektor, der immer noch den Löwenanteil des Etats der EU beansprucht, durch seine bloßen Anhörungsrechte für sie *formal gesehen* immer noch eine sekundäre Rolle, so ergibt sich im kultur-, gesundheits- und verbraucherpolitischen Bereich ein ganz anderes Bild, insoweit hier effektive parlamentarische Mitentscheidungsrechte verankert sind.[174] Das zeigt im übrigen auch, dass *grosso modo* die Parlamentsrechte in umgekehrtem Verhältnis zum faktischen Gewicht des jeweiligen Politikfeldes stehen: Je bedeutender und je größer der Vergemeinschaftungsgrad, desto geringer die formellen parlamentarischen Rechte, und *vice versa*.

Und doch wäre eine derartige, an den formalen Kompetenzen orientierte Betrachtungsweise auch für den Lobbyisten fatal, denn verschiedene, bereits

---

172 Christian Lahusen/ Claudia Jauß, Lobbying als Beruf (wie Anm. 134), S. 88-90.
173 Vgl. im einzelnen Abschnitt II 2 b.
174 Ebd.

weiter oben thematisierte Faktoren[175] führen dazu, dass die zunächst klar erscheinenden Kompetenztrennlinien wieder verschwimmen. Denn zum einen ist in Rechnung zu stellen, dass dem Parlament durch sein schon seit den siebziger Jahren bestehendes Haushaltsbeschlussrecht und die Kompetenz zur Veränderung der *nichtobligatorischen* Haushaltstitel ein genereller Einfluss auf jegliche fachpolitische Entscheidungen eröffnet wird, insoweit heute die meisten Verordnungs- und Richtlinienvorlagen nicht mehr kostenneutral sind, sondern die Veränderung der entsprechenden Haushaltstitel erforderlich machen.

Zum anderen ist auch von den Interessenvertretern zu berücksichtigen, dass die intensive innerfraktionelle Kooperation zwischen den Parlamentariern der verschiedenen Ausschüsse die Entwicklung von Koppelgeschäften befördert, die Kommission und Rat die Berücksichtigung parlamentarischer Änderungswünsche auch in Politikbereichen abnötigen, für welche dies vertraglich gar nicht vorgesehen ist. In biblischer Diktion: "Gebet uns Einfluss auf agrarpolitische Entscheidungen, und wir werden unseren Widerstand gegen Eure umwelt- und gesundheitspolitischen Vorlagen überdenken."

Schließlich ist zu beachten, dass sich die Abgeordneten durch häufig langjährige Mitgliedschaft im Parlament und dabei erworbene sachpolitische Kompetenz auch bei vielen Lobbyisten großen Respekt erworben haben,[176] was regelmäßig zu einem Gedankenaustausch 'auf dem kleinen Dienstweg' führt. Auch deshalb ist das politische Gewicht gerade 'alter' parlamentarischer 'Hasen' oft wesentlich größer als zunächst erwartet.

Die (steinige) Lektüre der Vertragstexte und das Wissen um die *formalen* Kompetenzen des Europäischen Parlaments bedeuten daher für den erfahrenen Interessenvertreter bestenfalls die halbe Miete: Das Wissen um das durch Haushaltsrechte und Koppelgeschäfte resultierende *faktische* parlamentarische Gewicht ist mindestens genauso wichtig, um am Ende zu einer realistischen und angemessenen Einschätzung des Stellenwerts parlamentarischen Lobbyings zu gelangen.

---

175 Ebd.
176 René P. Buholzer, Legislatives Lobbying in der Europäischen Union (wie Anm. 158), S. 185-187.

4. Fazit

Der Eurolobbyismus hat gerade im Jahrzehnt nach *Maastricht* einen deutlichen Wandel erlebt. Das Spektrum organisierter Interessen expandierte nachhaltig und pluralisierte sich dabei; kommerzielle Lobbyisten traten massiert auf den Plan und schufen einen neuen Typus der Interessenvermittlung - im übrigen auch ein faszinierendes Berufsfeld für Hochschulabsolventen mit politikwissenschaftlicher Kompetenz;[177] "multi voice"-Lobbying, das simultane Antichambrieren über verschiedene Kanäle, wurde chic; und alles dies wurde ausgelöst durch einen starken Zuwachs an Gestaltungskompetenzen der Gemeinschaft, der mit der EEA 1986 in Fahrt kam, um in die umfassende Tempelarchitektur des *Maastrichter Vertrages* zu münden, die auch dem EP effektive Mitentscheidungsbefugnis bescherte und seinen lobbyistischen Kurswert deutlich erhöhte.

Bei allem Wandel ist Eurolobbyismus jedoch im Kern ein *exekutivorientiertes* Gewerbe geblieben, in dem die Kommission nach wie vor bevorzugte Anlaufstelle ist. Auch die Grundregeln des Handwerks sind über die Jahrzehnte wenig verändert; die *sachliche* Begleitung des komplexen und über viele Stationen gehenden politischen Entscheidungsprozesses steht im Mittelpunkt, punktuellen Verfehlungen schwarzer Schafe zum Trotz.

Die Interessenvertretung im politischen System der Europäischen Union ist folglich von ganz anderer Natur und Komplexität als auf nationaler Ebene. Erforderlich ist die Entwicklung *variabler europäischer lobbyistischer Mehrebenensysteme*, welche die Struktur- und Entscheidungsprobleme der EU antizipieren und situationsgerecht den jeweils adäquaten Ansatzpunkt zur Einflussnahme erkennen. Daraus sind folgende praktische Handlungsmaximen ableitbar:

Jeder nationale Verband muss heute mit einer eigenen Repräsentanz in Brüssel Flagge zeigen, da der derzeitige Vergemeinschaftungsgrad der EU nicht zementiert ist, sondern in Zukunft stetig fortschreiten wird; jede organisiert Interessenvertretung wird daher *à la longue* vor der Notwendigkeit stehen, mit *entscheidungsbefugten* Gemeinschaftsorganen kommunizieren zu müssen.

---

177 Vgl. zum Berufsbild "Lobbyist" die aktuelle Charakterisierung von Christian Lahusen/ Claudia Jauß, Lobbying als Beruf (wie Anm. 134), S. 114-123.

Um frühzeitig erkennen zu können, ob in Politikfeldern mit ergänzender Zuständigkeit eine europäische Regelung absehbar ist, ist eine solche Präsenz ebenfalls unabdingbar: Denn je nach Beantwortung dieser Frage hat sich ein nationaler Verband auf die lobbyistische Einflussnahme in Brüssel - und dies konzertiert mit dem eigenen europäischen Dachverband und den anderen nationalen Vereinigungen - einzustellen oder auf das traditionelle nationale Lobbying.

Gerade kleine nationale Vereinigungen können und sollten dabei die Chancen stellvertretender Interessenvertretung durch Public-Affairs-Agenturen in Brüssel nutzen, welche den Aufbau einer eigenen (teuren) Geschäftsstelle oft überflüssig machen, trotzdem aber einen guten lobbyistischen Wirkungsgrad erzielen.

Auch die Arbeit der *europäischen* Verbände stellt dies vor große Herausforderungen. Denn nicht nur das allgegenwärtige Problem schwieriger Konsenssuche unter Dutzenden von Mitgliedsorganisationen ist zu bewältigen, sondern auch die effektive *Konzertierung* supranationaler und nationaler Interessenvertretung: Denn mit der Verabschiedung europäischer Richtlinien ist der Rechtsetzungsprozess noch nicht abgeschlossen, sondern erst durch die anschließende Formulierung nationaler Anpassungsgesetze in den Mitgliedstaaten; lobbyistisches Monitoring ist auch in diesem finalen Stadium nicht unwichtig, um durch Beeinflussung des Gesetzestextes eventuell nötige Feinkorrekturen bewirken zu können.

Das Konzert aus nationalen Mitgliedsverbänden und europäischer Spitzenorganisation muss flexibel genug sein, um sich auf die verschiedenen Entscheidungssituationen variabel einstellen zu können: Ist der Erlass einer europäischen Regelung absehbar, muss eine kurzfristige Effektivierung der innerverbandlichen Kooperation und die Formulierung eines gemeinsamen Standpunkts gegenüber Kommission, Parlament und Rat möglich sein; ist aber das Gegenteil zu erwarten, muss die europäische Spitzenorganisation die lobbyistische Federführung ihren nationalen Mitgliedern überlassen und das Fortbestehen spezifischer nationaler Regelungen akzeptieren.

Schließlich ist bei der konkreten lobbyistischen Arbeit in Brüssel darauf zu achten, die eigenen Kontaktnetzwerke möglichst flächendeckend zu strukturieren. Sicherlich sind die federführende Generaldirektion der Kommission und der zuständige Kommissar mit seinem Kabinett erste

Adresse; gerade aber die geschilderte Machtdynamik des Europäischen Parlaments macht es unumgänglich, die zuständigen Parlamentarier *in jedem Falle* einzubinden: Formale parlamentarische Entscheidungskompetenzen weichen oft sehr von den faktischen ab, und im Regelfall sind letztere größer als es die geltende Rechtslage erwarten lässt.

Erfolgreiche Interessenvertretung im europäischen Mehrebenensystem ist die mit 6,0 Punkten bewertete lobbyistische *Kür*, um einen Vergleich zum Eiskunstlauf zu ziehen: Selten wird dieses Optimum erreicht, und aus den genannten Gründen können auch altgediente Verbandsfunktionäre mit einer Wertung von 5,7 durchaus zufrieden sein. Zieht man den Vergleich zur *nationalen* lobbyistischen Praxis, mutiert letztere nachgerade zum *Pflichtprogramm*: Sie ist durch *vergleichsweise* klare Kompetenzverteilung der Verfassungsorgane wesentlich besser zu planen, durch *vergleichsweise* homogene nationale Interessen leichter konzertierbar und durch überschaubarere Netzwerke auch besser zu steuern.

Um im Bilde zu bleiben: Im Eiskunstlauf folgt die Kür der Pflicht, und auch für den anspruchsvollen Beruf des Interessenvertreters liegt ein solcher Karriereparcours eigentlich nahe: Erst nach dem Erlernen des nationalen lobbyistischen Handwerkszeugs und dem Erwerb des Gesellenbriefs sollte man sich auf die Ablegung der europäischen Meisterprüfung vorbereiten.

IV. Die Perspektiven des europäischen Parlamentarismus: Bilanz und Ausblick

Walter Hallstein, der erste Präsident der EWG-Kommission, hat das generelle Strukturproblem der Europäischen Gemeinschaft einmal treffend auf den Punkt gebracht: "Demokratie führt alle staatliche Ordnung auf die Autorität des Volkes, der Bürger, zurück: 'Die Staatsgewalt geht vom Volke aus.' Das Instrument dafür ist das Parlament, das das Volk repräsentiert - von Anfang an allen drei europäischen Gemeinschaften zugehörig. Hier lässt die gegenwärtige Ordnung der Gemeinschaft einiges zu wünschen übrig. Sie stellt eine noch 'unterentwickelte Demokratie' dar."[178]

Als er diese Einschätzung Ende der siebziger Jahre zu Papier brachte, setzte das Europäische Parlament gerade erst zu seinem Ringen um neue Kompetenzen an, und auch die in Brüssel und Straßburg repräsentierten organisierten Interessen waren noch sehr einseitig ökonomisch ausgerichtet. Pluralistischer Wettbewerb und effektive politische Mitgestaltung gewählter Volksvertreter - beides unverkennbare Merkmale moderner parlamentarischer Demokratie -, waren bestenfalls in Ansätzen vorhanden.

Seither ist knapp ein Vierteljahrhundert vergangen, in welchem es den Europaparlamentariern gelang, sich zu machtvollen Mitspielern im europapolitischen Konzert zu mausern, und auch das System organisierter Interessen erfuhr eine nachhaltige Pluralisierung mit deutlicher Einschränkung der Dominanz des ökonomisch motivierten Lobbyismus. *Parlamentarismus* ist im System der Europäischen Union also nicht bloße Zukunftsvision, sondern partiell schon Realität.

Dem wissenschaftlichen Betrachter offenbart sich dabei gegenwärtig eine gigantische und zugleich faszinierende politische Baustelle, auf welcher sich Ziegel an Ziegel fügt, um am Ende ein *angemessenes parlamentarisches Richtfest* feiern zu können. Ob der jetzige Verfassungskonvent dieses Projekt selbst schon zu Ende bringt, darf mit Fug und Recht bezweifelt werden: zu groß sind - auch in seinen eigenen Reihen - die traditionellen nationalen Beharrungskräfte. Und insoweit wird die geplante 'Verfassung' eher den

---

178 Vgl. Walter Hallstein, Die Europäische Gemeinschaft, 5. überarb. und erw. Aufl., Düsseldorf/ Wien 1979, S. 101.

Charakter einer völkerrechtlichen Rahmencharta erhalten, welche die bisheri-
gen Verträge mit einem juristischen Mantel umgibt, keineswegs aber ein
'Grundgesetz' nationalen Charakters werden.

Ohnehin ist grundsätzlich in Frage zu stellen, ob ein Europa der 20, 25
oder 30 durch eine Verfassung in die Form eines *traditionellen* parlamentarischen Bundesstaates gegossen werden könnte oder ob es nicht an der Zeit ist,
von überkommenen *nationalen* Ordnungsmodellen Abschied zu nehmen und
nach genuin europäischen Lösungen zu suchen. Ziel muss also die Schaffung
eines *angemessenen*, praktikablen wie legitimitätsstiftenden, *europäischen
Parlamentarismus* sein, der Stabilität und Effektivität der Gemeinschaft si-
chert und genügend Identifikationspunkte für einen europäischen Bürger
bietet, ohne die nationalen Traditionen zu nivellieren und das Prinzip der
'Vielfalt in der Einheit' aus den Augen zu verlieren.

Im Kern wird das auf absehbare Zeit bedeuten, den *staatenbündischen* Charakter der EU beizubehalten: Trotz der *faktisch erfolgenden Erosion* national-
staatlicher Souveränität werden die Mitgliedstaaten der EU auch weiterhin die
Herren der Verträge sein und damit im formaljuristischen Sinne die innere
und äußere Souveränität für sich beanspruchen. Dem steht jedoch nicht ent-
gegen, diese staatenbündische EU konsequent zu parlamentarisieren *und in
den vertraglich definierten Kompetenzbereichen* der Gemeinschaft und auch
in ihrem institutionellen Gefüge das politische Mitwirkungsrecht der gewählten Volksvertretung an nationale Standards anzupassen. Daraus leiten sich
folgende Reformerfordernisse ab:

1. Dem Parlament ist die *vollständige legislative Gleichberechtigung* zuzu-
    gestehen. Zum einen ist das Mitentscheidungsverfahren künftig flächen-
    deckend auf alle Gemeinschaftspolitiken auszudehnen, zumal dies ohne-
    hin nur die notarielle Beglaubigung des faktisch schon vorhandenen par-
    lamentarischen Mitwirkungspotentials darstellte. Dies diente auch der
    Transparenz des politischen Entscheidungsprozesses, insoweit der formale
    Gang des Gesetzgebungsverfahrens einheitlich und für den externen Be-
    obachter auch leichter begreifbar abliefe. Zudem ist den Parlamentariern
    das längst schon überfällige *Gesetzesinitiativrecht* zu verleihen, um ihnen
    den 'Umweg' über die vertraglich vorgesehene Aufforderung der Kom-
    mission zur Einbringung einer entsprechenden Vorlage zu ersparen.

2. Die parlamentarischen Mitwirkungsrechte bei der Wahl der Kommission
    sind konsequent auszubauen. Nicht nur die Bestätigung der von den nati-

onalen Regierungen nominierten Mitglieder *ex post* sollte Aufgabe der Abgeordneten sein, sondern auch ihre formelle Beteiligung an der Nominierung. Insoweit muss dem Europäischen Parlament in Zukunft die Möglichkeit eröffnet werden, Alternativkandidaten vorzuschlagen und auch über sie abstimmen zu lassen. Die daraus resultierende Intensivierung *parteipolitischer* Formierung der Parlamentarier ist unter integrationspolitischen Gesichtspunkten besonders wünschenswert, stärkt sie doch die Position der bis dato noch recht schwachen *europäischen* Parteienverbünde.

3. Schließlich ist eine Lösung des derzeitigen 'Subsidiaritätsdilemmas' anzustreben: Nicht nur den Lobbyisten bereiten die wachsweichen und inhomogenen vertraglichen Bestimmungen zur Kompetenzaufteilung zwischen EU und Mitgliedstaaten Kopfzerbrechen, sondern auch den 'einfachen' Bürgern. Zeitgenössische Politikverdrossenheit resultiert ja nicht zuletzt aus der Komplexität der Entscheidungsprozesse, welche mittlerweile nur mehr für juristisch geschulte Gemüter begreifbar sind, und der Unklarheit von Zuständigkeiten. Denn so wie Behördengänge alsbald zum Ärgernis geraten, wenn der Petent von einer Tür zur nächsten gewiesen wird, so entsteht die 'bürgerliche Distanz' zur EU aus mangelhafter intellektueller Verarbeitbarkeit des dort gespielten Stücks - eine Lehre, die man in Kenntnis vergleichbarer *nationaler* Probleme schon längst hätte ziehen müssen.

Der Parlamentarismus im Gefüge der Europäischen Union steht also unbeschadet der schon erreichten Etappensiege vor großen neuen Herausforderungen: Im Sinne *Willy Brandts* ist er der entscheidende Kitt, der zusammenwachsen lässt, was zusammengehört. Zugleich muss verhindert werden, dass aus diesem Zusammenwachsen ein unkontrolliertes "Zusammenwuchern" (*Richard von Weizsäcker*) wird, dem jegliches Maß und auch präzise Zielbestimmung fehlt.

Hierin liegt die europapolitische Herausforderung der kommenden Jahrzehnte, und an ihr werden sich Zukunftsfähigkeit und 'Nachhaltigkeit' des "Parlamentarismus im Zeitalter der Europäischen Integration" erweisen.

V. Anhang

Politikfelder und Politiksektoren: Klassifikationssystematik

Politikfeld	Politiksektoren		
1. Allgemein	Allgemein		
2. Auswärtige Beziehungen	Auswärtige Beziehungen allgemein	Befreiungs- und Reformbewegungen	Entwicklungshilfe
	Völkerverständigung	Wirtschaftliche Zusammenarbeit	
3. Bildung, Kultur, Medien	Bildung allgemein	Kommunikation (incl. EDV, Funk)	Kultur
	Kunst	Medien	Schulwesen
	Unterhaltung	Wissenschaft	
4. Ernährung, Landwirtschaft, Forsten	Ernährung allgemein	Forsten	Jagd
	Landwirtschaft	Lebensmittel	Pflanzenzucht
	Tierzucht	Verpflegungswesen	
5. Familie, Frauen, Senioren	Familie allgemein	Frauen	Jugend
	Senioren		
6. Finanzen	Finanzen allgemein	Bank- und Kreditwesen	Börse, Wertpapiere, Investment
	Buchführung	Steuerwesen, öff. Haushalt	Finanzverwaltung
7. Freizeit	Freizeit allgemein	Sammeln und Liebhaberei	Sport
8. Gesundheit	Gesundheit allgemein	Krankenanstalten	Medizinisches Personal
	Patienten	Pflegepersonal	Rettungswesen
9. Inneres	Inneres allgemein	Administration	Bürgerbeteiligung
	Polizeiwesen	Verfassungsordnung	
10. Justiz	Justiz allgemein	Rechtsberufe	Resozialisierung
	Strafvollzug		
11. Philanthropie	Philanthropie allgemein	Nichtreligiöse Bruderschaften	Religionsgemeinschaften
12. Raumordnung, Bauwesen	Raumordnung allgemein	Bauwesen	Wohnungswesen
13. Sozialordnung	Sozialordnung allgemein	Behinderte und Selbsthilfe	Eigentumsordnung
	Menschenrechte (incl. Datenschutz)	Sexualität	Sozialarbeit (incl. Psychologie)
	Sozialgruppen allgemein	Sozialversicherung	Wohlfahrt

14. Umwelt	Umwelt allgemein	Naturschutz	Tierschutz
	Umweltschutz		
15. Verkehr	Verkehr allgemein	Auto	Eisenbahn
	Luft- und Raumfahrt	Reisewesen	Schifffahrt
	Transportwesen		
16. Verteidigung	Verteidigung allgemein	Friedenssicherung	Katastrophen- und Zivilschutz
	Militärisches Personal	Streitkräfte	
17. Wirtschaft	Wirtschaft allgemein	Baumittelindustrie	Chemische und Pharmazeut. Ind.
	Dienstleistungen (incl. Verleih, Vermietung, Sachverständige, techn. Überwachung)	Elektro- und EDV-Industrie	Energiewirtschaft
	Entsorgungswirtschaft	Freizeitindustrie (incl. Unterhaltungsindustrie)	Handel
	Handwerk (incl. Hauswirtschaft)	Leichtindustrie	Maschinen- und Anlagenbau
	Rohstoffindustrie	Schwerindustrie	Textilindustrie und Bekleidung
	Verbraucher	Verbrauchsgüterindustrie	Verkehrsindustrie
	Versicherungswirtschaft	Werbewirtschaft	

Quelle: Martin Sebaldt: Transformation der Verbändedemokratie. Die Modernisierung des Systems organisierter Interessen in den USA, Wiesbaden 2001, S. 64.

Martin Sebaldt

Geboren am 11. Februar 1961
in Bad Reichenhall

1980	Abitur in Bad Reichenhall
1980-1982	Soldat auf Zeit; Reserveoffizierlaufbahn (derzeit Major d. Res.)
1982-1988	Studium der Politikwissenschaft, Mittleren und Neueren Geschichte sowie der Soziologie an den Universitäten Passau, München und Cambridge
1988	Magister Artium
1991	Promotion zum Dr. phil. an der Universität Passau
1991-1992	Wissenschaftlicher Assistent des Gründungsdekans der Fakultät für Geistes- und Sozialwissenschaften der TU Dresden
1992-1996	Wissenschaftlicher Assistent am Lehrstuhl für Politikwissenschaft der Universität Passau
1996	Habilitation für das Fach Politikwissenschaft; Ernennung zum Privatdozenten und zum Oberassistenten
1997	Wissenschaftspreis des Deutschen Bundestages für die Habilitationsschrift „Organisierter Pluralismus"
1997-1998	Vertretung der Professur für Politikwissenschaft, insb. Politische Systeme, an der Universität Bamberg
2001-2002	Otto von Freising-Gastprofessor an der Katholischen Universität Eichstätt-Ingolstadt
2002	Vertretung des Lehrstuhls für Politikwissenschaft der Deutschen Hochschule für Verwaltungswissenschaften Speyer

Wichtigste Veröffentlichungen:

Die Thematisierungsfunktion der Opposition. Die parlamentarische Minderheit des Deutschen Bundestags als innovative Kraft im politischen System der Bundesrepublik Deutschland, Frankfurt a.M. etc., 1992; Katholizismus und Religionsfreiheit. Der Toleranzantrag der Zentrumspartei im Deutschen Reichstag, Frankfurt a.M. etc., 1994; Organisierter Pluralismus. Kräftefeld, Selbstverständnis und politische Arbeit deutscher Interessengruppen, Opladen, 1997; Transformation der Verbändedemokratie. Die Modernisierung des Systems organisierter Interessen in den USA, Wiesbaden, 2001.

Otto-von-Freising-Vorlesungen

MIX
Papier aus verantwortungsvollen Quellen
Paper from responsible sources
FSC® C105338

If you have any concerns about our products,
you can contact us on
ProductSafety@springernature.com

In case Publisher is established outside the EU,
the EU authorized representative is:
**Springer Nature Customer Service Center GmbH
Europaplatz 3, 69115 Heidelberg, Germany**

Printed by Libri Plureos GmbH
in Hamburg, Germany